文芸社セレクション

わたしのシベリア鉄道の旅

椎木 実

SHIIKI Minoru

文芸社

二〇〇三年の六月十六日から三十日まで十四泊十五日、その内六泊七日が車中という日程でシベリア鉄道の旅に出かけた。基点（起点）のウラジオストクから終点のモスクワまで九二九七キロ、北海道の稚内から鹿児島県鹿屋までのほぼ三倍強の距離である。途中ハバロフスク、イルクーツク、エカテリンブルグの各都市に宿泊した。

若い頃、ウラル山脈麓のヨーロッパとアジアを分けるオベリスク周辺のドキュメンタリー番組をテレビで見た時からいつかユーラシア大陸を列車で横断してみたいという思いがあって、それが今回ツアーへ参加した直接の動機である。また予ねてロシア沿海州、中国東北部、北朝鮮の国境に強い関心があったので、仁川国際空港から朝鮮半島上空をかすめて極東シベリアのウラジオストクへ入るという経路も意に添うものであった。その上あの金正日総書記がこの鉄道を利用してモスクワ入りしたのである。興趣が増した。

旅はいつも、予期した通りであったりそうでなかったりする。長旅とはいっても僅か十五日のことなので、印象も表面をなぞる程度にしかならないが、自分なりに感じたところを記してみることにした。「わたしのシベリア鉄道の旅」と題した理由である。厳しい旅程であったが、振り返れば懐かしく、永く思い出となることであろう。

目次

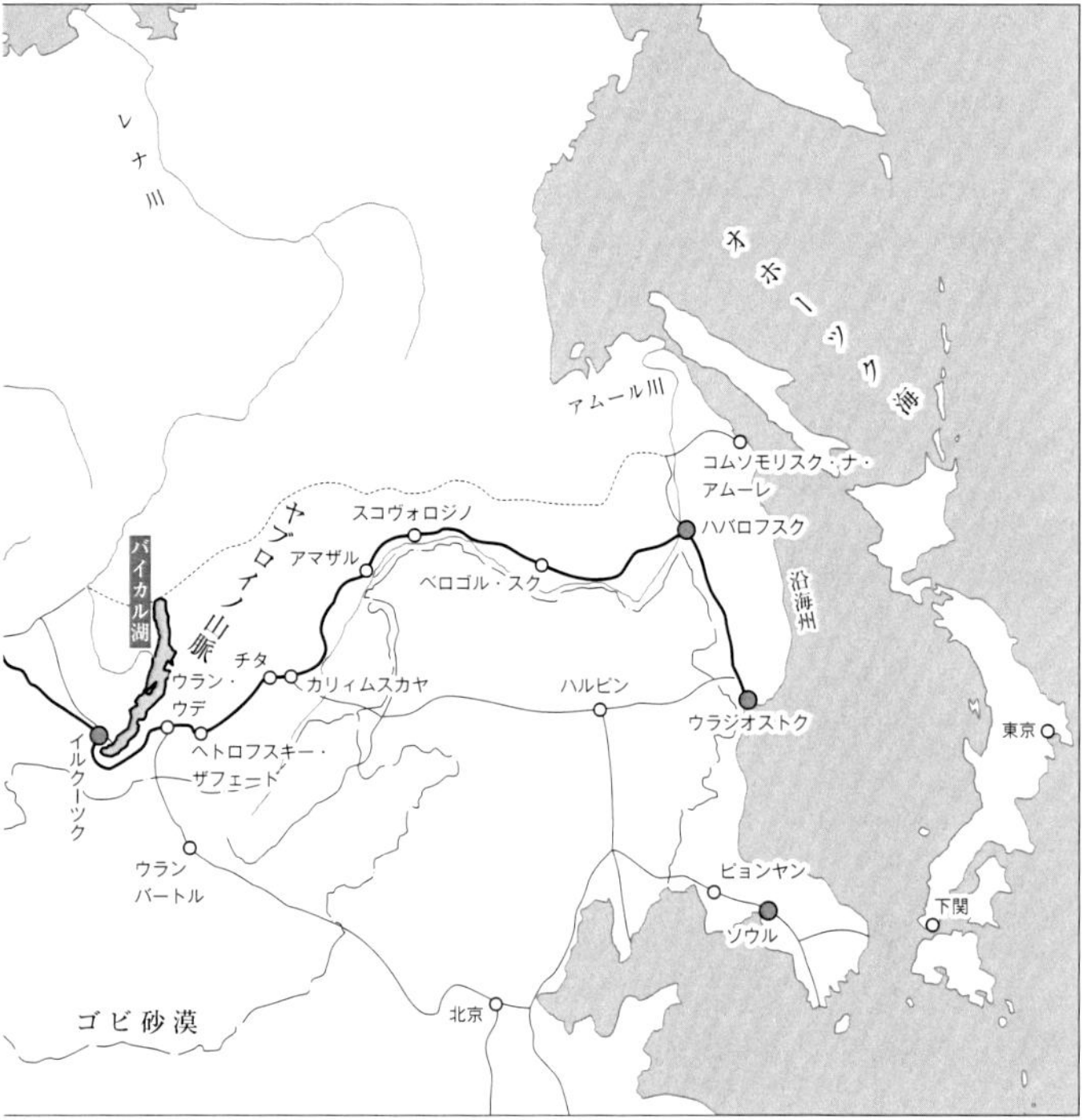

レナ川
オホーツク海
アムール川
コムソモリスク・ナ・アムーレ
ヤブロノイ山脈
スコヴォロジノ
ハバロフスク
バイカル湖
アマザル
ベロゴルスク
沿海州
チタ
ウラン・ウデ
カリィムスカヤ
ハルビン
ウラジオストク
東京
イルクーツク
ペトロフスキー・ザフェード
ウランバートル
ピョンヤン
ソウル
下関
北京
ゴビ砂漠

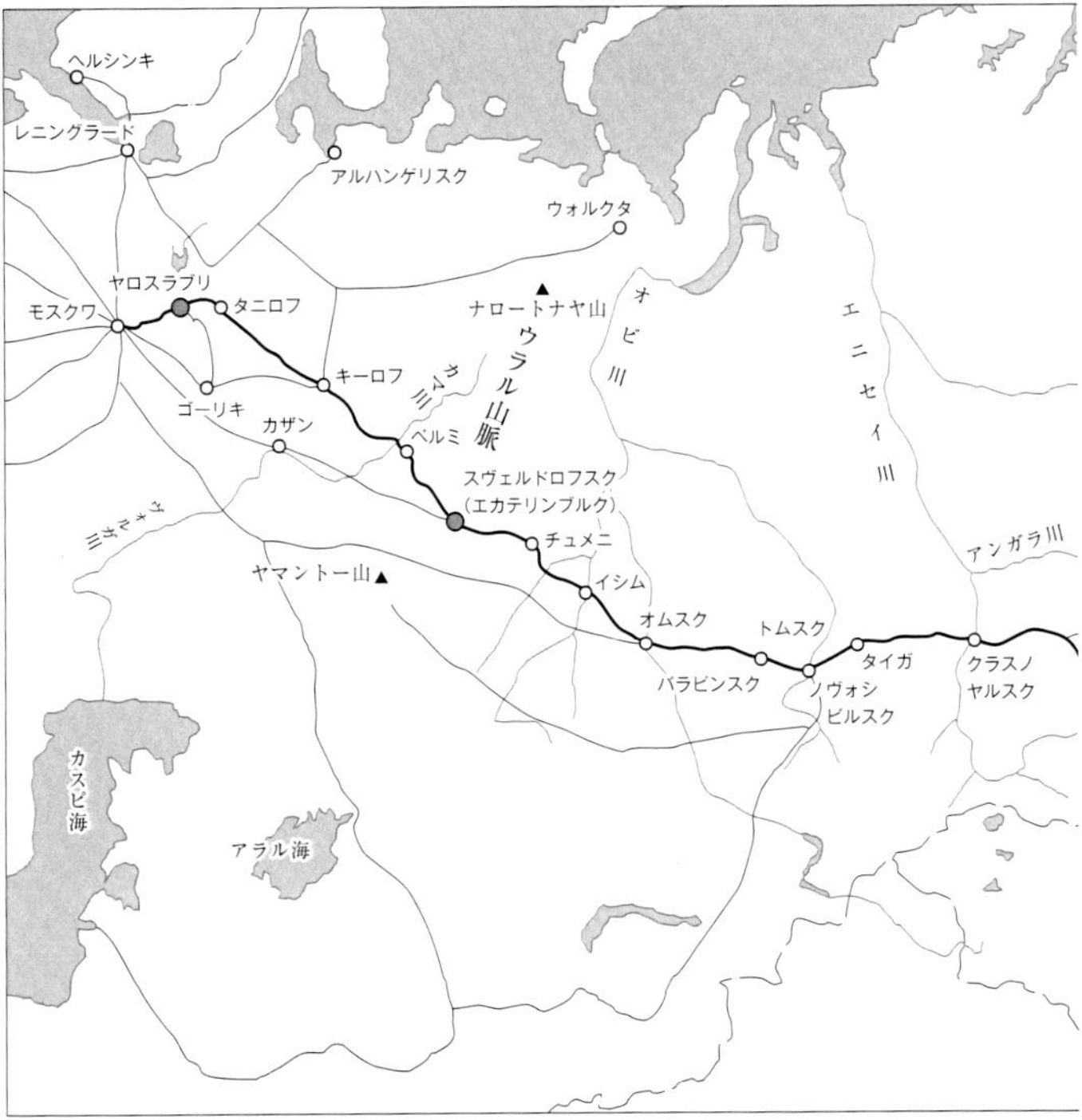
ヘルシンキ
レニングラード
アルハンゲリスク
ウォルクタ
ヤロスラブリ
モスクワ
タニロフ
ナロートナヤ山
オビ川
エニセイ川
キーロフ
カマ川
ウラル山脈
ゴーリキ
カザン
ペルミ
スヴェルドロフスク
(エカテリンブルク)
ヴォルガ川
チュメニ
アンガラ川
ヤマントー山
イシム
オムスク
トムスク
タイガ
クラスノ
ヤルスク
バラビンスク
ノヴォシ
ビルスク
カスピ海
アラル海

わたしのシベリア鉄道の旅

一日目　六月十六日（月）　晴れ　韓国へ

午前十一時、福岡国際空港でツアー一行の顔合わせがあった。佐賀市の志村さん（男）、城山さん（男）、北九州市の黒川さん（男）、大分市の安西さん（男）、熊本市の梅田さん（男）、山口市の村尾さん（女）、佐伯さん（女）、広川さん（女）、宇部市の藤田夫妻、わたしども夫婦、それに添乗員の高井さん（女）を入れて男性七人、女性六人、計十三名の構成である。そして添乗員の高井さんを除いて八人が七十代、四人が六十代と推定された。

わたしどもは別として皆さん海外旅行の通でいろいろ辺境の地へ行っておられ、この度もある意味では秘境であるシベリア鉄道の旅に参加したとのことで好奇心旺盛、誠に元気な高齢者というほかない。後に知ったことだが、志村さん、城山さんが県警、警視庁の元警察官で頑健な体躯の持ち主、黒川さんはダンディで俳句の名手、梅田さんは六日泊の車中でただひとり、入れ替わるロシア人乗客と同室で頑張られた肥後モッコスの典型、山口市の女性三人は経緯は知らずそれぞれ独身、そして安西さんは全行程をビデオに撮影、ロシア人乗客と最も交流を図られたりして多彩な才能をお持ちの方であった。さて宇部市の藤田夫妻やわたしども夫婦は皆さんにどう映ったであろうか。また男性全員が酒好きであったことも車中での無聊を慰めるのに幸いしたことを付け加えておきたい。

午後二時、大韓航空機で福岡国際空港を出発、釜山経由で仁川国際空港に向かった。今回はモスクワからの帰りも大韓航空のフライトであるが、何故大韓航空なのか、韓国からシベリア入りなのか、そして釜山空港経由なのかを高井さんに尋ねてみたが、はっきりした返事はなかった。午後六時五十分頃仁川国際空港に到着、以前韓国に来た時は金浦空港だったので仁川国際空港の大きさが際立つ。この空港はサッカーW杯開催に合わせて建設されたもので、世界一の大きさとのことである。有事の際も使用できるようにつくられたのではないかという話も納得できる広さであった。やがて本日宿泊する予定のワシントンホテル差し回しのマイクロバスでソウル市内に向かう。五十分の道のりである。高速道路は八車線でこれも有事に備えてかと話し合ったりするうちにホテルへ着いた。夕食のブルコギは美味しかったが、風呂の湯は鉄錆びで赤く先が思いやられた。

二日目　六月十七日（火）　曇り　韓国〜ウラジオストクへ

早朝、再び仁川国際空港に向かう。十時三十分の出発だが待機した待合室ではさすがにロシア人らしい体格の大きい男女家族連れが多く、日本人乗客はわれわれツアー一行だけでいよいよシベリアへ行くという感を深くした。離陸は若干遅れたが飛行は順調だった。着陸態勢に入ったとのアナウンスで眼下を見たが、極東シベリアの景色は濃い緑の続く山野と耕地だった。機は現地時間の二時四十分ウラジオストク国際空港に着いた。二時間の時差があるので実質二時間強のフライトである。空港の大きさは滑走路、建屋ともに日本のローカル空港程度のように見える。ボーディングブリッジがないので、目の前の空港建屋まで僅かな距離だがバスを利用するのである。機のドアが開いてタラップを降りると、降り口で超のつく美人女性係官が出迎えてくれた。長身、肩章のついたロシアンブルーのスーツ、ミニスカート、黒のストッキング、先のとがったハイヒール、そして茫々たる原野を背に長い金髪が風になびいて微笑んだ。韓国から僅か二時間の距離なのにその瞬間ここはヨーロッパ社会なのだという感を深くした。早速入国審査だが極東ロシアの水際であることや十年前に開放されたばかりの都市であることまた軍港があることその他テロやサーズ対策の影響もあって大変厳しい警備体制である。また審査する場所の空間も狭くそのことも全体の雰囲気を重くしているのだった。ただ審査する女性係官はこれまた肩章のついた白い制服姿で出迎えの係官とは違った金髪美人でためいきが出た。そしてこれから翌日夕刻までの滞在中、ウラジオストク美人に目をウロウロさせられることになるのである。その後荷物を受け取り税関申請となったが、ここで男性係官がわたしだけに所持するドルを全部出してみせよと指示するのであった。所持金は僅かであったが予期しないことだったので緊張したのと分散して所持していて出すのが遅れたのとで慌てたが、先に入国していた高井さんが事情を説明してくれ何とか外へ出ることができた。どうしてわたしがチェックの対象になったのか今もって理由がわからないが、美人係官に見とれていたので罰が当たったのかも知れぬ。後に市街地に向かうバスの中で税関申請書類がないことがわかり、多分あのどさくさの際紛失したのだと思うのだが記憶がない。よほど動揺していたのであろう。「ロシア出国の際は何とかするから旅行を楽しんで」と高井さんは励ましてくれたが、道中何かとこのことが気になるのであった。

　空港は市街地からかなり離れたところに位置しており、付近は何の賑わいもなく静かな佇まいだった。出迎えのガイドはアンナさんといって二十四歳で独身、金髪の美人である。大阪の学校で日本語を勉強したそうで質問に対して的確な返事が返ってくる。市街地まで約一時間を要したが、途中車窓から見える風景は侘しい。たむろする人々の身なりも林の中に見え隠れする小屋のような家も道路も汚く、ただただ貧しかった。

今夜泊まるホテルウラジオストクは市内の高台にあった。このホテルはガイドブックのトップに掲載されている有名なホテルであるが、後日見た資料では各階、レストランなど経営者が別々で英語を話すスタッフもいないらしい。そのせいかチェックイン、部屋割りの手続きに随分時間がかかった。尿意を催したのでトイレを尋ねるとホテル内にはなく、建屋の外の地下にあるというので教えられた通りに行ったら有料トイレなのだった。生憎まだルーブルの持ち合わせがなかったので用を済ませ、番の女性にジェスチャーで後で払うからといって飛び出たが、トイレについては慣習の違いでこれからも戸惑うことになる。

フロントの女性も事務的だが美人である。そしてホテルに出入りする人々も美男美女だが必ずしも当地出身の人ではなく、勘ぐりもあるがなにやらいかがわしい雰囲気である。港町のせいかも知れぬ。わたしは昔からこの種の怪しげな感じが大好きで見当もあまりはずれない。シベリアでの最初の夕食はホテルを出たすぐ横の地下のレストランで食べた。ロシアのレストランはおしなべて暗いと何かの本に書いてあったがその通り薄暗かった。しかし嫌な雰囲気ではない。初日で気分が高揚していたせいか何を食べたか思い出せないが、料理はおいしかったように記憶している。わたしどもの泊まる部屋は四階で同じ階に二十四時間営業のバーがあるとのことでちょっと寄りたい気もしたが、疲れもあったので部屋に引き揚げた。ロシアのホテルの殆どがそうであるように四階を管理する女性従業員から部屋のキーを受け取る。浴室はきれいだったがシャワーだけでバスタブがなかった。明日からの列車の旅に備え荷物の整理を終えると午後十時を過ぎていた。外は雨が降っていたが、当地は白夜の影響なのかまだ明るさが残っているのだった。

三日目　六月十八日（水）　曇り　終日ウラジオストク

朝八時、二十四時間営業のバー兼レストランで朝食。サービスの黒麦パンとは別にトースト、ハムエッグ、ジュース、コーヒーの定食であった。後々もそうであったが、ロシアのハム、ソーセージはおいしい。窓から見る金角湾は深い霧に覆われている。室内はバー兼用なのでカウンターがあり、薄暗く小振りな空間だが船室にいるようでしゃれていた。出入りする人種も国際色豊か、客層もビジネスマン、家族連れと区々である。ウェイトレスも無口なロシア美人で実にエキゾチックな雰囲気でこんなことなら昨晩寄ればよかったとかえすがえす残念なことであった。

十時、アンナさんのガイドで市内観光に出発。その前にホテル内で両替、大体一ルーブルが四円の見当である。六月中旬のシベリアは初夏であるが、今日の天候を考えて全員長袖チョッキといういでたちであった。ウラジオストクはロシア最東端に位置する人口六十三万人の大都市であるが、「東方を征服せよ」というロシア語が地名の由来であると聞いた。ロシア太平洋艦隊の軍港基地であるので長く外に対して閉ざされ、一〇年前のソ連崩壊後ようやく開放された町である。バスに乗るとわかるが、坂の多い町でそれが海岸通りに向かっている。車窓から見る風景は全体的に埃っぽい。そのため町を疾走する車は汚れで白っぽく、乗用車・業務車ともに日本の中古車が多い。九〇パーセントが日本車だそうで、それも圧倒的にトヨタ車だった。しかも駐車のスペースが少ないため路上駐車が殆どでそれが道幅を狭くし、喧騒も相まって事故も多いということである。路線のバスもトロリーバスも、古くて汚い。目にする建物は現地の人にホワイトハウスと呼ばれる政府関係のビルを除いては、大きいが古く殆どが帝政ロシア時代の建物か共産党時代初期のものといっていい。しかし不思議なことに行き交う人々だけは颯爽として着衣も立派だった。女性は背が高く、スレンダー美人でそれが大抵下半身にぴったりしたパンツルックか超ミニスカート姿で悩ましかった。その上流行なのか先のとがったハイヒールを履いているので長身が一層際立って美しく見えるのだった。妻があの人はノーパンかもとわたしをからかったが、もっともな気がした。これはこのツアー一行男性陣の等しい感慨といっていい。ここが国境の町で貿易が盛んであり軍港で兵隊もいるので女性も各地からたくさん集まって来るのであろう。後から考えるとウラジオストクはシベリアの他の都市の中では特異なエキゾチックな町でそれは古びた景観と活気に満ちたアンバランスな魅力だと思う。わたしは好きである。

さて最初に向かったところは海岸通りにある革命戦士広場にある実際に大戦に使用

された「潜水艦C―56博物館」で潜水艦を実際に見たのも艦内を見たのも初めてだった。その後側の第二次世界大戦戦勝記念碑を見学、後々わかるのだがとにかくロシアは第二次大戦戦勝記念碑、対ドイツ戦勝記念碑やレーニン像をはじめとする銅像の類が多い。

次に訪れた場所は市立の水族館であった。貧相なドアを通って入場、客はまばらである。古ぼけた建屋で館内も照明は暗く不潔な印象であったが、展示物は素晴らしかった。水槽にはチョウザメをはじめ沿海州、近郊の巨大な淡水、海水魚が泳ぎ、二階にはまぼろしの魚の剝製が多数あり自然の好きなわたしには大変興味深かった。しかしこんなに立派な内容を持っているのに行政はどうして建屋は古びたまま放置しておくのであろうか。不思議な気がする。

次に水族館の斜め前にある海岸辺りの海産物のみやげ物店に立ち寄る。キャビアや生サケなどを売っていたが、北海道の海鮮問屋や地元の海産物店を見慣れているので大変貧弱に感じられ、誰も何も買わなかった。何人かの方がキャビアの値踏みをしていたが、安いキャビアは大抵偽物で本物はロシア人でも見分けがつかないそうである。

その後一八八六年に開教、一九一四年から一九三七年まで存在した西本願寺跡の記念碑を見学した。当時ウラジオストクには三千人程度の日本人がいたそうで、シベリア鉄道建設などに従事したのである。石造の碑に「浦潮本願寺跡」とあり、その頃が偲ばれて感慨深いものがあった。

　やがて昼食。ノスタルジアという名のみやげ物販売を兼ねたレストランでガイドブックにも載る有名な店である。坂道の途中にあり、ノスタルジアという名前も素敵だが店内も粋で清潔、食事も美味しかった。全行程中一、二ともいえるレストランだったように思う。しかしみやげ物は店のプライドもあってか高価だった。

　午後一番に鷹の巣展望台へ行く。展望台とはいってもそこは工科大学のある小高い丘の上というだけでふもとからの道も汚く、頂上には何の施設もなかった。まだ少し霧がかかっていたが、ウラジオストクの市街地、正面には金角湾、遠くにはアムール湾も一望できた。六月は学生も休み前であちこちで楽しく談笑している姿が見られた。途中でビール、ウォッカで気炎をあげている女子大生に出会い、首筋に手をあてたポーズで「ノイ」といわれた。アンナさんによると一緒に飲もうという誘いのあいさつということである。殆どの方が酒盛りの輪に入り中にはキスを交わした人もいて楽しいひと時であった。後日列車内の通路で上半身裸の酔っ払った若い軍人に全く同じポーズでノイと誘われたが、その時は怖くて断った。

　次にウラジオストクで一番歴史のあるロシア正教会を訪れた。ロシア正教は九八八年にウラジミール公がギリシャ正教を国教と定めて以来千余年にわたってロシア人の心の拠りどころとなってきたこと、教会のねぎ坊主は宇宙を象徴していること、カトリックは神とイエスと精霊が三位一体であるがロシア正教における三位一体は父と息子と精霊であることなどなど今回の旅で初めて知った。これから更に勉強する必要がある。教会内は撮影禁止でイコンが多く飾られ、口をきいても注意されるほどおごそかな雰囲気であった。中では黒い衣装に黒いずきんを被った信仰心あつい奉仕のおばあさんがたくさん待機し、よく見ると殆どわし鼻でロシア入りして初めて想像していたロシア婦人に出会ったような気がする。大通りは直ぐそこなのに、帰りの参道の両側は教会とは不釣合いの貧しい木造の家が点在し、井戸汲みの姿も見られ脇には子供をだしにした物乞いがたくさんいるのだった。

次にウラジオストク一番の最新式のショピングセンターを見学。五階建ての近代的なビルで日本式にいえば専門店街（モール）である。初めてエスカレーターを見た。お客は少なかったが、しかし金持ち風の女性客が多く服も装飾品も高価で旅人のわたしにはただ眺めている他なかった。そこで地下の食料品売り場に直行、おみやげにロシア製品のチョコレートを買った。全階女性店員は足を組んで本を読んだりしており、とても積極的にものを売るという姿勢ではなかった。効率が悪く自分の分担さえ守ればよいという共産党時代の名残と思われた。

その後鷹の巣展望台とは反対方向のエギリーノ展望台に移動、軍港付近を見てウラジオストク駅前に到着。駅舎は一九一一年に建てられたものでこげ茶色の屋根と淡いクリーム色の壁とのコントラストがエキゾチックで美しい。駅前にはロシアの現代ポップスががんがん流れる中で多くの露天が並び水兵や帰路に着く人これから列車に乗る人々などが周辺にあふれて、喧騒の極みだが見ているだけで楽しい。駅の正面に東京駅前でいう中央郵便局があった。外観はまあまあだったが、局内は質素だった。妻は手紙を出すため切手を一〇枚買ったが、一枚一〇ルーブルとのことであるから約四〇〇円ということになる。海外旅行通の同行の方よりロシアは郵便事情が悪くウラジオストクから出しても一～二週間かかるので、モスクワから出した方が早く着くとのアドバイスがあった。試しによりモスクワに近くシベリア鉄道沿線では近代的といわれるイルクーツクで投函したのだが、結果はわたしどもが帰国した後着いたのだった。

午後七時のシベリア鉄道出発に合わせて早い夕食。駅近くの金角湾を見下ろすデル・マーというレストランで広々したフロアに客はわれわれだけで居心地がよかった。いよいよ始まるシベリア鉄道の旅に思いを馳せ、お互いやや興奮気味でメインの生サケを肴にビールやワインで乾杯した。間なしに再びウラジオストク駅に着いて、割合整然として静かな待合室を通り抜け列車の待つホームへ向かった。この度初めて知ったことだが、ロシアの鉄道は改札口というものがなくホームへの出入りは自由である。改札は列車の専属車掌が乗降口で行うのである。ホームには既に乗車する予定のシベリア鉄道の「アケアン号～大洋州号」が待っていた。牽引する機関車は蒸気でもディーゼルでもなく電気機関車である。アケアン号はウラジオストク～ハバロフスクを往復する列車で車体の色はブルーであった。シベリア鉄道の代表的な列車といえばウラジオストク～モスクワを走る車体がモスグリーンの「ロシア号」が有名であるが、われわれはハバロフスクで途中下車するので時間的に都合のよいアケアン号を利用することになったものであろう。

ガイドのアンナさんがホームの端で催促するので急いで行ってみると、そこにはシベリア鉄道の総距離を示す石造のキロポストが建っているのであった。九二八八キロの表示がある。シベリア鉄道はモスクワ（ヤロスラブリ駅）が〇キロ起点でウラジオストクは終点なのでこの表示となるのだが、ウラジオストクから出発するわれわれにはここが起点であることに変わりはない。世界の鉄道に詳しい作家、宮脇俊三氏に「シベリア鉄道九四〇〇キロ」という著書があるが、氏が利用した頃はまだウラジオストクが開放されていない時代でナホトカからボストーク号でハバロフスクに行き、そこからシベリア鉄道に乗ったのである。文中このことに大変こだわるくだりがあるが、ことほど左様にシベリア鉄道の起点であるウラジオストクから出発するということは記念すべきことなのだ。尚この石造のキロポストの表示距離は、これが設置された当時のもので、現在の実距離は九二九七キロということである。但しシベリア鉄道

ウラジオストク駅のキロポスト

の営業用時刻表には九二五八キロとあった。

そのうち発車時刻が近づき乗車。十六両編成のうちわれわれの車両は十号車である。ロシアの鉄道はホームの高さが線路とほぼ同じであるためその分車両の位置が高くなり、列車専属の女性車掌の出迎えを受け三段式のデッキを登って車内に入るのである。車掌は制服制帽できりっとした容姿であったが、でっぷりしたロシア婦人を想像していたわたしには案に相違して細身の女性なのであった。シベリア鉄道の列車は何の前触れもなく出発すると聞いていたが、その通り定刻の午後七時、アケアン号は音もなく滑るように動き出した。ホームで見送るアンナさんともここでお別れである。

シベリア鉄道の客車はひとくちにいえば一等車、二等車、三等車に分かれていて一等は二人ひと部屋のコンパートメント、二等は四人でひと部屋のコンパートメント、そして三等車は間仕切りなしの三段ベッドで乗客六人の相対の車両である。旅行代理店の案内では一等と二等の差は一人あたり十万円ということであったが、経緯は別としてわれわれ一行は全員二等車であった。しかし結果的には一致した行動ができて良かったような気がする。高井さんにより列車内の部屋割りが告げられる。藤田夫妻とわたしども夫婦がひと部屋、山口の女性三人と添乗員さんがひと部屋、親友同志の志村、城山さん、旧知の黒川、安西さんがひと部屋、そして申し訳ないことに熊本の梅田さん一人が、入れ替わり乗降車するロシア人乗客との相部屋をお願いすることとなった。コンパートメントとの中は意外に狭くベッドの他には窓際に簡単な備え付けのテーブルがあるだけである。下段ベッドの下にトランクがそれぞれひとつ収納できるが、それも横幅七〇センチのサイズまでで幸いわたくしどものトランクはそれ以下であったので下に収納できた。同室の藤田夫妻のトランクは七五センチ級の大きなものので上段の収納スペースに持ち上げる他はないのだが、初日は要領がつかめず、互いの下段ベッドに紐で括り付けてひと晩をしのいだ。列車内の構成はコンパートメントが九室と車掌室、そして車掌室の前にひと晩中熱湯の出るサモワール（給湯器）がある。気になるトイレは車掌室の横と反対側の二個所あったが、誠に狭く不潔で苦労した。男性も辟易したほどであったので、女性はさぞ苦労されたことであろう。用を達した後、水洗ペダルで線路上に流すことは予想していたが、便器の上蓋が古い南部鉄状のぶつぶつのある黒い鋳物風で、見るからに汚く不衛生このうえない。女性陣の殆どが日本古来の蹲踞で済まされたと後で聞いたが、理解できるような気がする。備え付けの紙も間もなく無くなったのに補充はなかった。そしてトイレの中の手洗い所が同時に洗面所となるのだった。それも手のひらで蛇口を押して水が出るので両手に水が溜まらず、旅の手引きに洗面器を持参とあったのも納得できるのであった。

列車の専属車掌は女性で二人だが、当番の女性からその夜使用する多分有料のシーツ、毛布の上かけ、枕カバーの配布があり、各自ベッドメーキングをする。やがて暑い、サウナにいるようなという声が隣部屋から聞こえた。シベリアなので暖房はあるがエアコンという便利なものはなく、確かにむし暑かったが、何時かを境に急に寒くなり以降シベリアの寒暖の差を知ることになるのである。軌幅が新幹線より九〇ミリ広軌の一五二四ミリと聞いていたので揺れも少ない感じがする。白夜の影響なのか外はなお明るく、過ぎ行く景色を見ながらシベリア鉄道の旅の門出を祝って同室の藤田さんと乾杯した。間もなく長身美形の女医が来室、サーズ検査ということだったが体温を測る診察だけだった。車内では今のロシアの楽曲が流れる。ロシア人と日本人には共通する気質は少ないのに、メロディーだけは哀調を帯びて日本人の感性に訴えるものがあり、中にはうるさいという方もいたが、わたしには心地よかった。ビール、ウイスキーの後、日本から持参した新潟の「菊水一番しぼり」を二缶飲んで泥酔。妻が下段のベッド、わたしが上段ベッドの予定が、結果はわたしが下段ベッドに寝てしまい、シベリア鉄道の初日はあわただしく過ぎた。

モスコーへオベリスクより夏の旅（句作は同行黒川さん、以下同じ）
寝台車ととのいたりし団扇かな

四日目　六月十九日（木）　晴れ　終日ハバロフスク

シベリアの朝は早く明けた。専属車掌がシーツ類の回収に来る。昨夜配布した数と同じかどうかチェックが厳しい。早朝定刻の八時にハバロフスク駅に到着。ウラジオストクとは時差がないので時計はそのままである。アケアン号はハバロフスクが終点なので、ロシア人乗客も全員ここで降りることになる。ホームには現地の男性ガイドのアルベイトさんが出迎えていた。口ひげをたくわえている。スマートな容姿だが饒舌でややシニカルなタイプである。後に聞いたところではロシア国籍のウクライナ人で四十二歳、独身とのことであった。構内に通ずる地下道は暗く、両脇に音楽を奏でる子供の物乞い姿が続く。大都市にふさわしい大きく立派な駅舎だが、駅前の広場は朝から酔っ払った赤ら顔の人をはじめ雑多な人々がたむろし、あちこち水溜まりのある地面には空き瓶などがころがり汚い。そしてその喧騒の中にハバロフスクという地名の由来となった開拓者ハバロフの銅像が建っていた。十五分足らずで宿泊先のホテル～インツーリストに着いた。十三階建てのホテルでアムール川河畔にある。共産党時代のインツーリストはとにかく印象が悪かったと先輩から聞いていたが、時代が変わったのか各階の入り口でキーを預かり宿泊客を管理する女性係員には笑顔があり、サービスの心が感じられる。暑くなりそうなので軽装に着替え、ホテル内のレストランで朝食。部屋からアムール川が見えた。

ハバロフスク市は人口七十万人の極東最大の都市で百五十五万人を擁するハバロフスク州の行政をつかさどる政治経済の中心都市でもある。シベリアの都市の中でここが早くから空港、鉄道のアクセスをはじめ外部に門戸を開いた。アムール川を挟んで中国と国境を接するので人口構成もロシア人が六〇パーセント、中国人、朝鮮族がそれぞれ二〇パーセント、その他がアムール川周辺に居住するナナイ人など少数民族だそうである。そういえば最近読んだいわゆる北朝鮮脱北者関係の本にシベリアへ出稼ぎに出された北朝鮮労働者が脱北すると大抵ハバロフスクに潜伏し、韓国への亡命の機会を窺うと書いてあったのを思い出した。それだけ懐が広い国際都市であり、仕事も多いということであろう。ハバロフスクは暑かったが、夏は六月から八月末までだそうで十一月から厳しい冬を迎え凍土となる。

中心街は三本の丘の上にまたがっていて緩い坂の町だが、道路幅は広くて緑も多く晴天のせいもあって明るい雰囲気が伝わってくる。しかし道が広いためか心なしか車の数が少ない気がする。やはり新しいビルは見当たらなかったが、居並ぶ建物はどれも堂々たる威容である。道行く女性の服装もパンツルック、ミニスカート、ハイヒールとウラジオストク同様に大胆であったが、美人度はウラジオストクに手を挙げざるを得ない。そして目に浮かぶ典型的なロシア婦人の姿も多く見られるようになった。これから先、西に近くなるに従い家並みや施設が立派になっていくがその分美人は少なくなる。この反比例の法則はかなり当たっていると勝手に思ったのだが、どうであろう。

午前九時三十分、アルベルトさんの案内で市内観光へ。

最初にアムール川岸の展望台に向かう。アムール川は中国と国境を接する川で中国領では黒龍江といい、どちらも若い頃から耳にしていた有名な川なので、初めて目の当たりにした時はやはり感慨深いものがあった。全長四三五〇キロ、世界で八番目の大河である。中ソの仲が険悪の時代、領土問題の争いから両国がこの川の両岸に大軍を集結。一触即発の危機となったが、北京空港で周恩来・コスイギン両首相の会談で戦争を回避したという歴史がふと思い出された。この辺りはほぼ中流とのことで水面はやや濁って見える。大きい船が行き交うが水深はそう深くはないという。遠くに陸地が見えるが、それは中洲で広すぎて向こう岸は全く見えない。はるか彼方にうっすらと山並みが望め中国領黒竜江省撫遠山の方角らしいのだが、僅か四五キロの至近距離なのである。「アムール河の波」というロシア民謡があるが、眼下のアムール川はあまりにも広大で、とても歌のようなロマンティックな気分というわけにはいかない。

あの曲ははたしてどの辺りの流域を歌ったものであろうか。

次にアムール川に面した高い岸の上の栄光広場へ着いた。ここには対独戦勝四十周年記念慰霊碑や第二次世界大戦戦没者を偲ぶ「永遠の火」があり、毎年盛大な軍事パレードが行われるそうで、我々にはあまり興味がないが当市にとっては大切な場所なのであろう。

その後坂を下りてアムール川岸にある遊覧船の発着桟橋に出た。直ぐ目の前を川が流れ岸辺ではガイドブックの写真そのままに人々が泳いだり日光浴をしている姿が見えた。十月には厚さが二メートルに及ぶ氷上となり、人や車が行き来するらしいが想像がつかない。

続いて教会広場（元青年同盟広場）へ向かい、当市では最も古いウズベンスキー教会の中に入る。スターリン時代に徹底的に破壊されたが昨年ようやく再建されたとのことである。広場の夜は若者と音楽でにぎわうそうだが、この広場とこの後行くレーニン広場とを結ぶムラヴィヨフ・アムールルスキー通り（旧カール・マルクス通り）が当市で最もにぎやかな中心街となっている。そして間なしにそのレーニン広場へ着く。広場には一九二四年に建てられたロシアでは最も古いといわれる巨大なレーニン像が立っていた。これからも頻繁に目にするようにロシアではレーニン像はあちこちに建っているが、スターリン像は皆無である。周囲には医科大、銀行、州庁舎、公務員養成学校、百貨店などが並び、市の中心というにふさわしい。道行く人はビジネスマンも多いが、ロシア的な男女やおのぼりさんの姿も多く見かける。広場で懐妊した妊婦を祝う一族の集団に出会う。日本でいう「帯祝い」であろう。気さくに撮影に応じてくれた。

その後特別に日程を組んでもらった日本人墓地へ向かう。墓地は空港に近い郊外の広大なロシア人墓地の中にあった。墓地へ続く道の露店で供花を買う。墓地は簡単な柵に囲まれひっそりとしてあった。「日本人墓地」と刻まれた石作りの墓と「友よやすらかに眠れ」と書かれた卒塔婆に花を供え全員が頭をたれた。ご苦労を思い自然に涙が出た。ロシア人は土葬だが、日本人は火葬である。墓碑銘が書いてあったが、お骨と名前が一致するのは数名だと聞いた。そもそもロシア政府が日本人墓地の存在を正式に認めたのはゴルバチョフのペレストロイカ以降であり、ここに何名が埋葬されているのかもはっきりせず、数字が区々で誠にひどい話というほかはない。ただどういうわけかボランティアで墓守りをしているというロシア人のお年寄りを紹介されて少し心が癒され、各々寸志を渡して引き続き墓の手入れをお願いして別れを告げた。

正午昼食。ガイドのアルベイトさん推薦の自慢のレストランであったが、ログハウスで室内には観葉植物が置かれ重厚なロシア風とは全く違った雰囲気でわたしには少々物足りなかった。

午後一番に有名な中央市場（共産党時代の自由市場）へ行く。ハバロフスク市内には五つの市場があるそうだが、その中で最も大きい市場とのことである。屋外の屋台は野菜、果物、花、アムール川の淡水魚、民芸品を売っており、人種も色々でバザール風である。屋内のマーケットは、肉、燻製品、乳製品、イクラなど家庭の必要とするあらゆる食料品があり、大男が肉の塊を大なたで切る様子も見られ活気に溢れて興味がつきない。朝鮮族による食材コーナーもあった。旧ソ連時代品不足で人民が列をなす自由市場の様子をテレビでよく見たものだが今昔の感がある。わたしども夫婦は記念にロシア製紅茶を買って市場を出た。

最後にホテルの傍にある郷土誌博物館見学。一階はアムール川流域を中心とした自然・動物の展示で、アムール虎、ヒグマ、月の輪クマ、大山猫、テン、ヘラ鹿、チョウザメ他多数の珍しい動物、魚の剥製や標本があり、この辺りがこんなに自然の宝庫とは思わなかった。ヘラ鹿がこの辺りに生息しているとは意外だったし特に虎とヒグマの個体の大きさは何度見ても飽きなかった。また二階はナナイ人他少数民族の生活や歴史が展示してあり、こんなにたくさんの少数民族がいることを初めて知った次第である。動物のいる流域での探検や少数民族との共同生活体験もあるそうで、自然の好きなわたしには大変興味深いものだった。その後やや早い夕食。ホテルから数分の場所にある立派なレストランであったが、名前も料理も忘れた。食後時間があったので妻と二人でホテルの周辺を散策したが、やはり子供の物乞いが寄ってきた。大きいビルの傍なのにその周囲は貧しい。

午後七時、アルベイトさんのお勧めでホテル十一階のカラオケバーでロシア民族ショーを見る。十五米ドルだった（ルーブルはだめ）。オプションで一行十二名中七名が参加したが客は我々だけである。ジプシー風のメンバーで日本でもよくある田舎のショーだが、わたしは旅芸人を見るのが好きなので結構楽しかった。日本人好みのロシア民謡や日本の童謡も歌ってくれたり、踊りの輪の中に入ったりして息抜きにはなったようである。メンバーに美人はいなかったが、バーのママさんがわたしの好きな月丘夢路に似た華僑風のきれいな人でハバロフスクで出会った初めての美人だったような気がする。日本に帰ってから色々資料を見ていたらこのショーの後本格的なロシアの民族ショーやトップレスショーがあると書いてあったが、これこそあとの祭りである。部屋に戻りテレビをつけたら、コマーシャルで女性がトップレスで堂々と出ていた。ロシアのコマーシャルは日本よりよほど大胆で悩ましい。

アムール川の蝶鮫みたる夏の怪
夏菊や抑留日本人の墓

五日目　六月二十日（金）　晴れ　終日車中

早朝六時三十分、ホテルを出発しハバロフスク駅に向かう。駅前は前日同様騒々しく雑多である。ホームへ出ると間もなくロシア号が構内に入ってきた。ロシア号はウラジオストクからモスクワまでの直行便でシベリア鉄道の代表的な列車である。そして観光目的の乗客は我々のほか僅かで、あとは目的の駅まで仕事に利用したりふるさとに行き来する人々が殆どで、いわば生活列車なのだ。従ってハバロフスクは途中の駅なので乗降客が多く、乗車の際は慌しかった。

午前七時三十分定刻、例によってロシア号は音もなく出発した。いよいよ次の宿泊先であるイルクーツクまで二泊三日の本格的な車中での旅が始まる。列車内の構造はアケアン号と変わらないが、ただ上段ベッドに身体落下防止の金具がなかったので、持参のロープで即席の防止策を講じた。長旅なのでコンパートト内を広く使いたいため藤田夫妻のトランクを上段の空間に収納することにしたが、わたしども四人は非力で、腕力のある城山さんと女性の高井さんにお願いした。これから先も同じことをお願いすることになるのだが、男性の中では年少のわたしなのにその力がなく何とも恥ずかしく申し訳ないことであった。車掌さんはガイドブックに書いてある通りのでっぷりした体格の良いロシア婦人で、特に上役的な存在の車掌さんが制服を着た姿は貫禄があったが、生真面目な性格らしく写真撮影はついに了解してくれなかった。

ハバロフスク駅を出て十数分で観光資料でも有名な世界最長といわれる二・五キロのアムール川鉄橋を渡るというので期待していたが、案に相違し列車は川底のトンネルを通って川を渡ったのだった。約五分を要した。何故なのか説明がなかったが、今考えるとシベリア鉄道の中でアムール鉄橋の個所だけが単線なので近年トンネルが建設され、頻繁にすれ違う貨物列車との錯綜を避けるためトンネルが客車専用となったのか、たまたまこのロシア号がトンネルを通る順番になったのかどちらかではないかということであった。わたしの勝手な想像である。鉄橋から眺める景色は大変雄大だと聞いていたのでいずれにしても残念なことだった。

シベリアはタタール語で「眠れる大地」という意味だそうで、大ロシアの三分の二を占める広大な大地である。標高は平均二〇〇メートルという。ガイドブックによるとシベリアは永久凍土、白樺林、混合樹林、タイガ（針葉樹林）、ステップ（平原）が続く大地と書いてあるが、その通り茫々たる原野で車窓から見る景色はそれらが交じりながら変化していく。その合間に河川や湿原、湖沼が点在し、遠くは全くの地平線か丘陵で山並みが見えても低くなだらかである。わたしはいつも車中から見る家並みや集落の点景が好きなのだが、家々はどれも貧しかった。木造で小屋に近いものが殆どだった。あれでよく酷寒に耐えられるものと不思議に思う。人はどうしてこんなに厳しい所に住み着くのであろうか。車中からレンガ色の地に黒の縦じまの入ったチョッキを着た保線係りの集団に何度も出会った。並行する道路も見当たらないシベリアではこの鉄道が唯一の輸送手段であり、生命線であることを思うと保線が大切な仕事であるということがよくかわかる。そして沿線のまばらな邑はこの人たちのためにあるような気がした。近くには鉄管や枕木が無造作に置かれてある小さな駅がある。昔ソフィア・ローレンとマルチェロ・マストロヤンニ主演で「ひまわり」という映画があった。ヒロインがシベリアの戦地跡の村に行方不明だった夫の家を訪ねていくシーンがあるが、あのシーンに出てくる家をもっと貧しく小さくしたのが今日にしている家並みといっていい。先の尖った木の板で家を囲い、中にはささやかな菜園が見える。少し感傷的になり過ぎた。

さて車内に目を移すと、コンパートメントには家族連れをはじめたくさんのロシア人が乗っていた。見ると列車のシーツではなくカラフルな持参のバスタオルを敷いたり掛けたりしている。二つ離れたコンパートメントに美少女がいて、通路にたった時の短パン姿がまぶしい。そのうち初めて停車時間の長い駅、オブルチエに着いた。ガイドブックの案内にあった通り、近隣のおばさん達がピロシキ、パン、ハム、コーヒー、果物、アイスクリーム、ジュース、赤かぶほかたくさんの食料品を籠に載せてホームに売りにくる。早速ホームに降りてみた。外は暑いが買い物風景を見るのは興味深い。そして何より手足を伸ばすことが出来るので気持ちがよかった。ピロシキなどは食べてみたい気もしたが、油ぎって食あたりが怖く我々一行は誰も買わなかった。結局無難なアイスクリームに落ち着いたようである。しかしロシア人乗客は殆ど好みの食べものを購入していた。彼らはこれで車内での朝、昼、晩の食事に当てるのである。やはり生活列車なのだ。そしてデッキの下では制服の車掌が自分の管理する号車の乗客に乗り遅れがないか、目を光らせているのであった。

車内通路の中央に正規の時刻表が掲示してあるが、モスクワ時間の表示なので高井さんが我々の時間（ハバロフスク時間）に換算してイルクーツクまでの停車駅の到着時間と停車時間を紙に書いて張り出した。これは時間の経過と停車時間が長い駅は降りてみる価値のある主要な駅〜都市ということがわかるので大変評判がよかった。そして何より車内のトイレ事情の対応に大いに役立ったのだった。というのも列車のトイレは線路に垂れ流しなので、衛生上車掌は停車前発車後各十分間トイレに鍵をかけるのだが、主要な駅で三十分程度停車すると都合五十分トイレを使用できなくなり、事前の用足しの時間調整の必要に迫られるからであった。このことは後々切実な問題となってくる。

そのほか当日我々が食べる列車食堂のメニューが書き出してあるのもありがたかった。これは二泊三日の長旅で食事がマンネリとならぬよう高井さんが予め食堂車の責任者と予算も含め交渉して決めてきたものである。中身は黒麦パン、前菜、スープ、メインディッシュ、デザートの繰り返しであるが、ただ車窓の景色を見ながら時を過ごしているだけなので、次回のメニューを目にするのは結構楽しいことなのだった。毎約束の時刻となったので高井さんの誘導で全員揃って四、五両先の食堂車へ行く。毎回重い扉を開け、揺れる吹きさらしの連結部を通って食堂車へ着く。食堂車はさすがにきれいでさっぱりしていたが、お客は我々だけであった。前にも触れたようにロシア人乗客は持参したものや停車駅ホームで仕入れた食材で調理し、コンパートメント内で朝、夕の食事をするのである。三度々食堂車で食事というぜいたくをするのはおそらく我々日本人観光客だけだったであろう。もっとも後日ウラン・ウデ駅を過ぎてからモンゴル人（あるいははブリアート人）の高校生の団体やロシア人のビジネスマンに出会ったこともあるし、我々が食事をする時間を避けて食堂車へ行く人もいるかも知れないのだが。いずれにしても貴重品を入れたポシェットを首に下げ毎度打ち揃って食堂車に向かう我々の様子は、他の乗客には奇異に映ったに違いない。

食堂車の約三分の二がテーブルで、残りのスペースは食材や飲み物の保管場所となっていた。勿論お客が増えればば片付けてテーブルを置くようになっている。テーブルは四人掛けできれいなテーブルクロスと花が飾ってあった。従業員はマネージャーというか責任者というか恰幅のよいロシア人らしい女性と若いウェイターとウェイトレスが各一名で厨房は多分男性一人であった。マネージャーはわたしの想像では列車の従業員ではなく外部のレストランの経営者ではないかと思う。仕立てのいい私服で入り口（帰りは出口）のテーブルにでんと座り、注文を受けることと勘定のほかは何もしない。多分高井さんもこの人とメニューの交渉をしたのであろう。酒は、ビール、ウォッカ、ワイン、ウイスキー、（多分シャンパンも）があり、銘柄も様々で日本の食堂車とは違ってそれがサイドボードに陳列してある。飲める一行なので殆どの人が、ビール、ウォッカ、ワインを注文した。但しアルコール類とジュースは各自負担である。わたしは（他の人も）ロシアンビールを頼んだが、最初から抵抗なく飲めて大変美味しく、モスクワを離れるまで銘柄は別にしてロシアンビールで過ごした。ビールは、中瓶で三〇ルーブル（約一二〇円）程度であったが、西に行くに従い高くなり四〇から五〇ルーブルではなかったかと思う。ワインは白の方が安くボトルで二〇〇ルーブル程度、ウイスキーは総じて高かった。酒飲みのくせに強いウォッカを飲めないわたしにはよくわからないが、ワンカップ二〇ルーブルぐらいではなかったか。過ぎ行く景色を見ながら食べるせいもあるが、料理はどれも美味しかった。列車内で限られた食材、メニューなのに長旅で飽きがこないように高井さんはよく工夫していた。

ボルシチスープやビーフ・ストロガノフも出たがよく聞くピロシキは食べたかどうかあまり記憶がない。デザートの果物はレパートリーが少なく高井さんが交渉して停車駅でリンゴやバナナを仕入れたらしい。ただロシアにはリンゴの生産が少ないそうで、中国からの輸入品というリンゴは誠に小さく貧弱だったが味は美味しかった。黒麦パンは最初からサービスでテーブルに置いてあり別にコースのパンが出るのだが頼まないとバターはつかない。そしてロシアでは紅茶は常飲料だがコーヒーは在庫が切れたこともあったりしてそうではないような気がした。またこの辺の飲料水は殆どガス入りなので、普通の水が欲しければ自分で用意しなければならない。そのほかでは朝食で出るハム、ソーセージの類が美味しかったが、ハムエッグの卵の黄身の色合いが薄くて栄養失調気味なのが気になった。（これはロシア産たまごの特徴で今後各地でお目にかかることになる）。食後、高井さんは英語の話せないマネージャーと簡易和露辞典で清算をするので大変である。例の「シベリア鉄道九四〇〇キロ」の著者宮脇俊三氏は、一九八二年にシベリア鉄道旅行で食堂車を利用したのだが、その時のマネージャーが巨大なロシア式ソロバンで計算したと書いてあったので、注意してみたところさすがに電卓での清算であった。因みに宮脇氏はマネージャーに当時の日本では最新式の太陽電池型電卓をプレゼントしたら飛び上がって喜びサービスも格段に向上したと書いているが、今昔の感にたえない。

食事の後、コンパートメントに引きあげる。飲み足りないのでシベリアの夕景を見ながら持参の缶酒「菊水一番しぼり」を開けた。一〇本持参し一日一本のペースという計算であったが、なかなか実行が難しい。西へ日没を追いかけるからだと思うのだが外はまだ明るい。そのうちほろ酔い気分となり、わたしにとっては貴重品の「菊水一番しぼり」を手みやげにし乗車して以来初めて隣室の黒川、安西、志村、城山さんのコンパートメントを表敬、歓談した。更に隣の梅田さんも加わり、お互い年甲斐もなく大いに盛り上がったのである。やがて妻も同席、黒川さんよりどこで購入されたか本物のキャビアのご相伴に与かったりして談笑にも弾みがついた。献杯するうちに各自の来し方の披瀝があり、この晩以降お互いの親しさが格段に増したような気がする。妻は早くに引きあげたが、わたしは酒飲みの通弊で皆さんのご迷惑を顧みずいつまでも長尻なのだった。

たましいの走り去り行く夏野かな
夏の夜の夢やキャビアの廻し喰い

六日目　六月二十一日（土）　晴れ　終日車中

早朝、二日酔いの眼のまま起きたら同室の藤田夫人は大瓶の麦茶を大きなバッグから取り出し、何本かのペットボトルに分けて入れられるところだった。伺えば日本にいても麦茶が必需品だそうで、海外旅行ではいつも朝の行事だと聞いた。因みに同夫妻はトランクとは別の大きなバッグにたくさんの日本食（うどん、ラーメン等）を持参、都度食しておられたが、食堂車の食事はそれなりにしっかり食べておられたのでこれは別腹なのであろう。見かけは細身な方なので意外な気がした。

朝の行事が一通り終わった頃、太った専属車掌が車内掃除に来る。掃除機で通路と室内をきれいにしてくれるのであるが、通路に両端までカーペットが敷いてありこれは替えるわけではないので薄汚れたままなのであった。そのうち車内販売が回ってきたが、これといってめぼしいものがないので、予備にと缶ビールを買い求めた。

外はタイガ、ステップ、白樺の繰り返しで景色に変化がないのでやや退屈である。しかしよく見ると山火事の痕跡が認められ、木々の根元から真ん中位まで黒く焼け焦げている。これが自然なものなのか、人災なのかはっきりしないが多分保線工夫のタバコの不始末ではないかというのが大方の意見だった。そして火は人の手で消すのではなく、そのうち雪や雨で自然に止むので樹木は全焼とならず森は残るのであろう。※平成十五年九月十一日放送NHK番組「クローズアップ現代」の「シベリア森林の火事」を見る機会があったが、火事が地球温暖化に多大の影響があるとのことだった。

やがて列車はモゴチャに着く。この駅はレールと枕木の山でシベリア鉄道の保線の拠点ということがわかる。その後約六〇〇キロ走ってカリィムスカヤに着いた。この町は地図でいえば中国東北部（旧満州）のすぐ上に当たり、最も国境に近く北京へと延びる線路の分岐点でもある。外には牛の放牧が初めて見えた。

さてこの辺りから皆さんの口から今から引返せるものなら日本に帰りたいというような冗談がでるようになった。それはわたしも内心同感で、いかにこの列車の旅が厳しいかということでもある。なにしろ外は同じ景色の繰り返しで、食堂車へ行くのが一番の変化なのである。というわけで例のごとく連れ立って夕食のテーブルについたのだが、数人の方の顔が青白く元気がない。聞けば下痢気味だということであった。いろいろ推察すると昼に食べた羊肉のハンバーグステーキが原因らしい。わたしは疲れてあまり食欲がないのと元々羊肉が苦手なので手をつけなかったが、妻によるとそういえば少し悪いにおいがしたそうで、下痢は他の方にも若干の症状が見られたようだった。中でもひどかったのが女性の佐伯さんで、あいにく停車前にトイレに鍵がかかり、専属車掌に身振り手振りで「ヘルプ・ミー」と哀願してようやく鍵を開けてもらい助かったということであった。そしてこのことはロシア語の話せない一行と英語を解さない専属車掌という関係の中で何とかしなければならぬと大いに反省材料となったのである。

夕食後、ワインを持って男性四人のコンパートメントを訪れ、乾杯談笑したが、志村さん、城山さんが下痢の後遺症であまり元気がなく前夜にくらべれば盛り上がりが今ひとつだった。列車は西へ太陽を追いかけて行くので日はなかなか沈まない。

もう二日二晩を見し大夏野
逃げ場なく背を向けてをる西日かな

七日目　六月二十二日（日）晴れ　イルクーツクへ

　午前一時二十分、チタ駅着。この町は中国との貿易路の重要な中心地であり、また大きな車両工場があってシベリア鉄道の要衝なので、起きていれば是非降車してみるように聞かされていた。ホームに下りてみるとさすがに大きくきれいな駅舎で、この時間帯なのに駅回りはたくさんの人と飲食店でにぎわいを見せていた。

　午前八時十分ウラン・ウデ駅着。この町はモンゴル人と同族であるブリアート人の自治共和国の首都で、シベリア鉄道からモンゴルのウランバートルへ行く入り口で中国北京へ直接通ずるルートでもある。堂々たる駅で構内を行き交う人々はさすがにスラブ人とは違った人が多い。わたしはこの路線の中で最も注目していた駅なので停車中ホームに下りてゆっくり見聞したかったのだが、丁度便意をもようしたのでそうもいかなくなった。実は停車前に念のためと思って列車内のトイレに行ったのだが既に施錠されていた。そのままホームに降りてあちこち見聞している中、発車後十分たっても列車のトイレを使用できないということを思い出した。人間は不思議なものでこれはもたないとだんだん気になりだし、安全を期するため構内のトイレを探したが、構内は広く、ロシア語が読めないのとどれも建屋が立派なのとでトイレがなかなか見つからない。ようやく探し求めたトイレは有料（五ルーブル）の大変大型清潔な設備で、でっぷりしたスラブ女性が番台に座っている立派なトイレだった。中に入ると大きな便器でどちら向きに座っていいのか迷い、水洗の方法もドアの施錠も難しかった。発車時刻も迫る上こちらの列車は予告なしに出ることが気にかかる。それやこれやあってドアが開かなかったら困ると思い、施錠もせずに用を足し、しかも水洗せずに飛び出た。しかし結果的には発車に充分間に合ったわけで、慌てたあまり憧れのウラン・ウデに迷惑をかけたことを申し訳なく思うと同時にわたしの中では文字通りの汚点となったのである。因みに妻も行動を共にしてくれたのだが、あなたらしいと後でさんざんからかわれた。

ウラン・ウデを出発してムイソヴィァ駅に着く頃、進行方向の右手に待望のバイカル湖が見えてきた。さすがにわれわれもロシア人乗客も全員通路に立って感嘆の声をあげている。もっとも単調な風景が続いたので久し振りのアクセントということもあった。列車はこれから湖岸を走るのだが、湖岸の切れるスリュジャンカ駅までかかれこれ四、五時間を要したような気がする。

昼食のメインディッシュはシシカバ風の牛肉串焼きだった。皆さんはおいしく食べておられたが、わたしは全く食欲がなく手をつけなかった。皿を下げにきたウェイトレスに何故食べないのかと軽蔑の眼で肩をすくめられた。多分この時点で精神的、肉体的に疲れが限度に来ていたのであろう。昼食が済めば間もなくイルクーツクである。

　到着する前に同市の概観に目を通した。イルクーツクは人口約六十万のハバロフスクと並ぶ東シベリアの中心都市で毛皮を始めとするアジア貿易の拠点でもある。一八二五年にサンクトペテルブルクで始まった農奴制に反対して反乱（デカプリストの乱）を起こした青年貴族の流刑の地で、彼らが故郷を模して築いた町なので、秘境の地にあるとは思えないほど美しく整っている。またモスクワを起点とするシベリア鉄道は、一八九八年までイルクーツクまでしか届いていなかった。また有名なバイカル湖岸は車で一時間の郊外にある。日本との関係では何といっても「大黒屋光大夫」のことがあげられる。光大夫は一七八二年、回船で江戸へ向かう途中駿河湾沖で暴風雨のため漂流、アリューシャン列島のアムチトカ島に漂着、そしてサンクトペテルブルクへエカテリーナ二世に帰国の許しを受けに向かう途中一七八九年当地へ着き、望郷の念を抱きながらしばらくの間滞在したのである。漂流先からサンクトペテルブルクまで約一五〇〇〇キロほどの距離であったとされるが、今文明社会でわれわれが利用しているシベリア鉄道の走行距離でも大変なことであるのに実に驚嘆すべき執念と体力という他はない。そして第二次世界大戦後の日本軍捕虜の抑留地のひとつということも初めて知った。尚司馬遼太郎の「モンゴル紀行」に八月頃のイルクーツクのことを書いた場面がある。当時はソ連共産党時代で、モンゴルへ入国するのに新潟～ハバロフスク～イルクーツクを経由しなければならなかった。その中でモンゴルのビザを受けるためホテルを出たが、目的のモンゴル領事館がなかなか見つからず夜の小雨のイルクーツクの町を歩きながら探し当てるシーンが出てくる。その前後の描写に共産圏社会が如何に非効率で不便、不親切であるかが詳細に述べられているので、それが伏線となってイルクーツクはわたしにとってどちらかといえば陰鬱な印象が残っている。因みにシベリアの八月は夏の終わりで、雨の多いシーズンである。

午後三時十五分（現地時間）、イルクーツク駅着。ハバロフスクとの時差は二時間である。ホームには現地ガイドのセルゲイさんが出迎えてくれていた。セルゲイさんは現役の大学五年生でガイドはアルバイトということである。昨年まで富山大学に二年間留学したそうで、日本語も堪能で日本社会の慣習にも理解があった。駅舎は立派だが大変カラフルで駅前はハバロフスク駅前とはまた違った喧騒状態である。映画でしか見たことがないがモロッコのマラケシュのような感じがした。取りあえずバスに乗ってチェックインのため宿泊先のホテルに向かう。今日泊まるホテルは十二階建ての「ホテルバイカル」というやはりインツーリストのホテルである。ホテルに着いた時、ロビーでシベリア入り後初めて日本人団体観光客に出会った。聞けば新潟空港からの皆さんでバイカル湖観光が主な目的ということであった。懐かしい。

早速市内観光に出かけた。イルクーツクは中心を流れるアンガラ川によって二分されているが、われわれは川の左岸（河口に向かって左）にあるホテルからレーニン橋を渡って中心街のある右岸へ向かう。最初にキーロフ広場に着いた。広場には川に面してシベリアで最も古いとされるスパスカヤ教会が建ち、白壁と緑のドームのコントラストが美しい。しかしこの由緒ある教会もソ連時代は倉庫に使用されていたというから共産党政権は誠に無味乾燥というか恐ろしいと思う。その後ベルリンまで攻め上ったという当地出身の英雄軍人を祀った「永遠の火」という記念碑に着いたが、このあたりから自分の体調に少し異変を感じ出した。ふらふらして体が揺れ真っ直ぐに歩けないのである。先ず考えたのが長時間の列車の旅の影響であるが、どうもそれだけではないような気がする。以前会社の先輩が脳出血で倒れた時、歩く際体が斜めに傾く前兆があったということを思い出したからである。実はわたしには心房細動の持病があり、これが脳梗塞に直結する可能性があることを主治医から聞かされているので内心これが怖かった。しかし一行に心配をかけてもいけないので、妻には告白したが皆さんには黙っていた。

やがてバスでアンガラ川河畔の展望台へ移動。振り返れば道路を隔てて先ほどのスパスカヤ教会をはじめ二つの古い教会が見える。アンガラ川はバイカル湖の水が流れ出る唯一の川で我々が見ているところは上流である。それでも川幅は広く急流で水深も深い。水の色はあくまで蒼く水量も豊富で、これまでわたしの接した川の中では最も美しい大河であると思う。しかしこの川はやがて北極海に注ぐロシア有数の大河「エニセイ川」へ合流し、これだけの大河であるのにエニセイ川の支流となるのである。遠くに釣り人の姿が見える。

その後アンガラ川の支流ウシャコフカ川を渡ってこれも古いズナメンスキー修道院を見学。これは女性の修道院で一七一〇年に建てられた。参道には相変わらず子供をだしにした物乞いがたくさんいて四囲の家々は貧しい。修道院の背後には流刑の貴族、庶民の墓がたくさんあるとのことであった。また境内には毛皮貿易を始めた有力な貿易商の胸像があり、この地が動物の宝庫でありアジア貿易の拠点であることを感じさせた。

その後中心街であり繁華街でもあるカール・マルクス通り近くでバスを降り、徒歩でアンガラ川沿いの中央公園を訪れた。当地は「シベリアのパリ」と称されているが、わたしはパリには若い時分三日滞在した経験しかないので比較の仕様がない。よく見ると通りは堅牢なヨーロッパ建築が立ち並んでそう言えなくもないが、ポプラの花が綿状となって街路に堆積しそれが風に舞って我々に降りかかることもあってそうきれいな街並みとも思えなかった。真っ直ぐに進むとアンガラ川沿いの中央公園に着いた。途中にシベリア鉄道の建設を最初に提唱したムラヴィヨフ・アムルスキー伯爵を記念して建てられたオベリスクがある。公園はそれこそ老若男女の市民の集まりの場であって、川の景色を愛でながらアルコールは勿論のことアイスクリームやジュースを飲みながら憩う風景があちこちに見られた。夏なので男女とも裸に近い大胆な装いであるが、残念ながらわたしの気を引くタイプの女性は見かけなかった。後日同行の安西さんのビデオを見るとこの後わたしの好きなはずのイルクーツクの野生動物の生態や少数民族の実態を展示した郷土誌博物館を見学したことになっているが、わたしには殆ど記憶がない。よほど体調が悪かったのであろう。

夕食の場所はホテル内のレストランだった。久し振りに食堂車とは違ったシベリア料理で皆さんには美味しかったらしいが、わたしには全く食欲がなかった。何より酒好きのわたしが注文した生ビールの「中」が一滴も飲めなかったのである。部屋に引き上げベッドに身を横たえたが両足が吊る。平素わたしは疲れるとよく「コムラ返り」が起きるのであるが、この度はそれとは違って足の甲、すねの両サイドを中心に「逆コムラ返り」現象が生じるのである。風呂にも入り妻にもマッサージしてもらうが症状はなかなか治まらない。日中のことを考え合わせると「ウン」これは尋常ではないと思うようになってきた。そのうち見かねた妻から「大体あなたが何も食べずに酒ばかり飲むからこういうことになる」という意味の説教があり、「自分の見るところ栄養不足の貧血症状と思う」との診断で持参の増血剤を飲ましてくれ、少し落ち着いてきた。というわけでこれからどうなることやらと悶々としながら眠りに着いた。
明日はバイカル湖見学である。

シベリアの夏野の花のかそけくて
片陰にほどかれし身の停車駅

八日目　六月二十三日（月）　晴れ　バイカル湖観光

早朝六時起床、おかげさまでやや体調回復、バイキング形式の朝食に向かう。食欲もまあまあだったが、日本では飲んだことのないジュースが美味しかった。桃、みかん、すももがミックスされたような味である。

午前九時三十分、ホテルを出発、バイカル湖見学に向かう。湖岸までバスで約一時間の距離である。道中ガイドのセルゲイさんよりイルクーツクは中国やモンゴルの国境に近いので中国人やモンゴル人が多いこと、学生が人口の二〇パーセントを占める学園都市であること、ロシアは広大な面積を有する大国だが言語はロシア語の一種類で方言もないこと、そしてなぜか医者や弁護士の社会的地位が低く役人の給料が一番高いなどの説明があり興味深く聞いた。間なしに郊外に達してきれいな一戸建てが目につくようになった。聞けばこれは「ダーチャ」といいロシア式の別荘ということである。日本人と違って標準のロシア人の夢はウイークデーは集合住宅（マンション）に住み、週末は一戸建てのダーチャで菜園を耕すことらしい。従ってダーチャは我々の思い描く奢多な別荘とは異なり質素な作りであった。隣接してブリアート人の集落も見える。牧畜の生活である。イルクーツク州は世界一の森林地帯だそうで、湖に近くなるに従い周囲のタイガは深くなり、すぐそこは熊や狼、鹿などの他野生動物の宝庫なのだという。当地が毛皮の集散地というのもうなずける。さて今から訪れるバイカル湖のことである。バイカルは現地語で豊かな湖という意味だそうで、シベリアの南部ブリアート自治区に位置する三日月形をしている湖である。資料によると周囲二〇〇〇キロ、長さが六七九キロ、幅が最大で八〇、最小で二〇キロに達する。最深部は一六七〇メートル、透明度四五メートルでいずれも世界一である。我がびわ湖の約五〇倍、スイスと同じ面積だという。

やがてバスはバイカル湖の水が丁度アンガラ川に流れ出る接点～伝説のシャーマン岩の近くに着いた。ここは湖の南西部にあたり端である。バイカル湖には三五〇の河川が流入するそうであるが、流れ出るところはアンガラ川だけで、いかにアンガラ川が大河であるかがわかる。蒼い湖水が水量豊かに川に注ぐ光景は実に美しく優雅だった。ここは土産物店もあるところで、丁度ロシア人の男女高校生が卒業記念で遠くから遊びに来ていて互いに写真を撮ったりしたが、相手はかなり酔っていて高校生といえども体が大きくやや怖い思いもした。その後トイレを兼ね宿泊先と同系列の湖畔のホテルで小憩。ホテルに泊まったドイツ人の観光客と談笑しながら小高い展望台から湖を眺望したが、広すぎて空と湖面の見分けがつかない。

小憩後間なしに遊覧船の発着所に着いた。いよいよ待望のバイカル湖クルージングである。セルゲイさんが乗車券の手配をしている間、発着所前の露天を見学した。この辺りはブリアート自治共和国に近いので露天商人は殆どブリアート人である。店には近隣の木彫りの民芸品やバイカル湖で獲れる淡水魚の干物が所狭しと並んでいたが、買うものがなかった。やがてセルゲイさんが交渉の結果、料金は一時間の遊覧で一人八米ドルだという。クルージングはオプションなので仕方がないのかも知れないが、世界に冠たる観光名所だというのに正規料金でもルーブル支払いでもなく、このあたりがロシア社会の不思議なところである。船は五六トンで正式な遊覧船ではなく漁船を兼ねたものだった。好天、静かな湖面はきれいで陸上では暖かだったが湖上は寒かった。時間が限られているのであまり沖合いには出なかったが、それでも水深三五メートルの辺まで行き、透明度も充分確認できた。一同満足の表情で下船、岸辺の水に手を浸してみたら冷たかった。水温五度ということである。

遊覧が済んで観光案内でも有名なリストヴィアンカ村に向かう。リストヴィヤンカ村は現地語で「カラマツ」という意味で、先ほども立ち寄った湖水がアンガラ川に流れ出る場所の近くにあった。村には一八四六年に建てられた木造のニコリスカヤ教会があり、古くからバイカル湖周辺に住む人の信仰を集めてきたという。ガイドブックでは、村には小川が走り木造の民家は窓を青や緑のペンキで塗り大変美しいと書いてあったが、狭い未舗装の田舎道に粗末な家屋が立ち並び、わたしには少数民族のブリアート人が住む不衛生で貧しい集落にしか見えなかった。歩いているとモンゴリアンスタイルの青年が一人裸馬に乗って我々の側をさっそうと走り過ぎていった。教会の傍にいつも見かける物乞いの子供がおらず心が休まったが、代わりにアルミの鍋がおいてあり、一同それぞれ小銭を置いた。これまで子供がいると癖になるのと心が痛むのとでお金をやらなかったのにアルミ鍋だけだと喜捨させられたのは彼らの知恵というべきであろう。

その後村の近くにある日本人抑留者墓地に詣でた。これは日程にはなかったが、セルゲイさんが独自に予定を組んでくれていたのだった。墓地は集落の道を隔てて幅一メートル余りの板敷きの坂道を十数メートル登った山の麓の斜面にあった。墓は墓地というより自然の草むらのような大変淋しいところにあり、石塔にやはり「友よ安らかに眠れ」と書かれた卒塔婆が立てかけられ墓前にはカタカナで刻んだ墓碑銘の石碑があった。ハバロフスクと違って供える花もなく一同静かに頭を垂れたが、遠く異郷の地で果てた方々の無念と望郷の念を思い涙が出た。

墓参の後、先ほどの小憩したホテルバイカルでやや遅めの昼食。食事の目玉はバイカル湖の淡水魚オームリであった。オームリはサケ科の魚で刺身とフライで出たがあまりおいしくなかった。日本のマスの方がはるかに美味である。しかしここのピロシキは本格的で美味しかった。道中駅のホームでのおばさんの脂ぎったものや食堂車の餃子まがいのものしか目にしなかったので余計そう感じたのかも知れぬ。そういえばボルシチ、ビーフストロガノフ、ピロシキは常食と思われがちだが後日思い出してもボルシチは殆ど毎日食べたものの、ビーフストロガノフとピロシキはあまり食卓に出なかったような気がする。それと名前は忘れたが食後に出たピンク色のジュースの味が格別だった。セルゲイさんによるとこの地方特産の果物でできており、日本にはないらしい。この日夕刻にはイルクーツクを出発の予定なので、名残惜しいがここで「シベリアの真珠」バイカル湖に別れを告げた。

市街地に向かう途中スーパーに立ち寄る。列車にはガス入りの水しか置いていないのでここで普通のミネラルウォーターを買うのが目的である。スーパーのシステムは日本と同じで品揃えも豊富だった。皆さん車中でのウォッカやウイスキー、おつまみを仕入れ、お土産にチョコレートなどロシア製の菓子を多く買い求めた。やがてバスはアンガラ川にかかるレーニン橋を渡りイルクーツク駅に着いた。駅前は相変わらずカラフルで汚く車と人波でごったがえしていた。人種もまちまちで興味深い。空き缶、空き瓶のポイ捨ては普通で、溜まると清掃のおばさんが回収にくる。乗車時間も迫りホームに出たが、これから乗るロシア号は既にホームに着いていた。ロシアの列車は車両のデッキの下で改札するのだが、高井さんがアルメニア人らしい小柄なチョビ髭の男性係官となにやら揉めてなかなか車内に入れずやきもきした。後で説明を聞いてわかったことなのだが、一行の広川さんの名前が乗車券とパスポートのスペルが一字間違っていたこと、メンバーの車両が分散しているので同じ車両にまとめて欲しいと要請していたことなどによりペナルティを要求され、その支払いでもめていたそうである。賄賂めいて結局支払わなかったそうだが、これが翌朝大変なトラブルの引き金となるのである。

午後五時五十五分、列車はいつものように前触れもなく定刻に発車。専属の女性車掌は前のロシア号の車掌と同じ体型で恰幅が良かった。赤毛の大変気さくで親切な人で写真撮影にも気軽に応じてくれた。先のチョビ髭も何車両かを管理する車掌で女性の上司らしかったが、われわれの車両に乗っていた。食堂車に行く途中何人かのモンゴル人に出会ったが、殆どが胸に勲章をつけて愛想よくわれわれに話しかけそれを自慢するのだった。早めの夕食を済ませ白ワインを手土産に男性四人の部屋におじゃましたが、先ほどのスーパーで求めた飲み物やおつまみが次々と出され、年齢も忘れまた盛り上がるのだった。かなり酩酊して自分のコンパートメント近くに戻り外を見たらまだ明るかった。イルクーツクに着く前、司馬遼太郎の「モンゴル紀行」を思い出し当地に陰鬱な印象を抱いていたが、今は違う。「シベリアのパリ」という惹句は別にして、アンガラ川を中心にした明るい活気に満ちた街だったように思う。それはおそらく氏が訪れた八月が雨の多いシーズンであったのに対し、われわれの滞在した六月は真夏の好天の時であったからであろう。そして何より当時はソ連時代だったが、今はペレストロイカから一〇年も経過しているからだと思われた。ロシア号の車内設備は相変わらず旧式で汚いが、これで頑張るしかない。今夜からまた列車での二泊三日の旅が始まる。

夏霧の沸き立つを見しバイカル湖
沖で見し湖畔の邑の夏の色

九日目　六月二十四日（火）　晴れ　終日車中

午前九時過ぎ頃だった。朝食が済んでそれぞれコンパートメントでうとうとしていると、隣の佐伯さんが部屋を飛び出し、血相を変えて「男性陣、男性陣」と大声で助けを求めてきた。もちろんこの男性陣は元警察官の志村さんと城山さんのことである。佐伯さんの説明によると、今列車の車掌とおぼしき男二人が部屋に入ってきてゆすられているということだった。聞けば制服を着た二人が入室してきて施錠し四人のパスポートを見せろと言い、おかしいとは思ったが制服を着ているのと怖いのとでパスポートを渡したところ今度は紙切れに一人あたり五〇〇ルーブルと書いて金を出せという。そして車窓を開けて出さなければパスポートを投げ捨てると言ったようだ。明らかに恐喝である。佐伯さんは上段のベッドにいたのだが気丈にも飛び降り、ドアの鍵を開けて助けを求めてきたのである。早速志村さん、城山さんが駆けつけ、「アイアム　ジャパニーズポリスマン」と怒鳴って迫ったらしい。それが効いたのか、何度かのやりとりの後相手は慌てて引き揚げてしまった。恐喝の証拠を突きつけ追い詰められなかったのは残念だったが、言葉が通じないので致し方ない。両人ともピストルを携行していなかったので警官でないことは確かなようだ。

その後高井さんから「これは昨日の乗車時のもめごととの関連があると思う」と次のような説明があり、凡その事情がわかったのである。先にも述べた通り、広川さんの乗車券記載の名前のスペルがパスポートと一字違うということと分散したコンパートメントを同じ列車にまとめたということで、例のチョビ髭から一人あたり五〇〇ルーブル計二〇〇〇ルーブルを要求されたが断った。しかしあまりしつこく言われるので支払ったが、領収書を書くよう請求すると返してきたという。おそらく賄賂の発覚を恐れたのであろう。だからチョビ髭は先の制服車掌を使ってその二〇〇〇ルーブルを取り戻そうとしたのではないかと。どちらが上司かわたしにはわからないがいわばグルである。チョビ髭はまだ同じ車両にいるので志村さん、城山さんが部屋に行き問い詰めたが、言葉の壁もあって結局うやむやとなってしまった。しかし実に不愉快な出来事で、白昼の列車内でしかも制服の係官が恐喝するとはロシア社会の病根は誠に深いと言わざるを得ない。尚その時恰幅の良い列車専属の女性車掌も驚いて仲介に動いていたが、彼女は一味ではなかろうというのが皆さんの意見だった。わたしもそう信じたい。教訓が二つ。一つはお金を持っている日本人は狙われる、一つはわたしに「強い」という男の美徳のないことである。後で皆さんから高井さんへ今回の事件は帰国後必ず会社に報告するよう念押ししたところ、本人は必ずそうするということと当地の領事館を通じて厳重抗議するという約束をしていたが、その後どうなったであろうか。

さて未明にタイシェット駅に停車したはずなのだが、寝ていて気付かなかった。タイシェットはサハリン方面に向かう第二シベリア鉄道～バム鉄道の起点として有名なので見過ごしたのは大変残念だった。

十時過ぎ、シベリアを東西に分け北極海へ注ぐ全長三四八七キロの大河エニセイ川を渡り人口九十万の古都クラスノヤルスクへ着いた。クラスノヤルスクは一六二八年頃からエニセイ川中流の両岸に発展した西シベリア有数の工業都市で、わたしには数年前この地で橋本元首相がエリツィン元大統領と会談し、釣りをしながら北方領土の国境確定について協議したことが思い出された。クラスノヤルスクを出た頃、近隣の主婦が車内販売で手製の羊毛のショールを売りに来た。一枚一五〇ルーブル、約六〇〇円である。少し獣の匂いがしたが、安いのでお土産に皆さんたくさん買っていた。それは正解でこれから何度も目にする機会があったが同じものが西に行くほど値段が高くなるのであった。外の景色は相変わらずで、車が僅かだが窓から見える。マリインスク駅、タイガ駅で下車しおばさんからアイスクリームなどを買ったりして時間を過ごす。午後十二時前大河オビ川を渡ってノヴォシビルスクに着いた。ウラジオストクから約六〇〇〇キロの距離である。ノヴォシビルスクは国策によって開発、発展した比較的歴史の新しい町だが、人口百五十万人のシベリア最大の工業都市である。出発前からチェックしていたところなので興味を持っていたが、夜中なので暗く展示の蒸気機関車以外何も見えなかった。明日の夜には宿泊地のエカテリンブルグに着く予定である。

ウォッカが一番なりし暑気払い
沿線の畑の露人みな裸

十日目　六月二十五日（水）　晴れ　終日車中　エカテリンブルクへ

朝食後オムスクに着いた。ウラジオストクから約六五〇〇キロの距離である。資料によるとこの町は一八四九年ドストエフスキーが政治犯罪のために四年間重労働に服したことで知られている。車窓の景色はこれまでと様子が変わってずーっと大平原〜バラビンスカヤ草原が続いた。缶ビールを飲むがなかなか時間が過ぎていかない。夕刻、石油基地として有名なチュメニに到着。ここはシベリアでも歴史の古い町のひとつということである。チュメニを出て間もなく食堂車で夕食となったが、食事の最中窓際に座っていた佐伯さんの脇の窓ガラスに突然ひびが入った。自然現象かとも思ったが、食堂車のマネージャーによれば投石でよくあることだという。幸い二重ガラスだったので大事にはいたらなくてよかったが、それにしても昨日の恐喝、今日の投石と佐伯さんは災難が続き気の毒なことだった。

夕食後、高井さんから各組へ日本語とロシア語で書かれたメモが三枚配られた。一枚目は「下痢で緊急なのでトイレを開けてください。下に流さないのでお願いします。」、二枚目は「カギを開けてください。」、三枚目は「カギを閉めてください。」という内容のものである。前にも触れたように大きい駅で停車した場合、発着前後を合わせると五十分近くトイレが使用できなくなり苦慮していたので、高井さんがその対策を考え出したものであった。実は同じ車両に英語の話せるアジア系ロシア人の若い学生が乗車していたので英語を仲介にロシア語に訳してもらったらしい。そしてこのメモは翌日早速役立つことになる。

エカテリンブルク（スヴェルドロフスク）駅には午後十一時三十分に着いた。ウラジオストクからの距離約七五〇〇キロ、イルクーツクとの時差は三時間である。ホームには現地ガイドのエレナさんと旅行代理店の人が迎えてくれた。ホームで荷物の運搬を待っていると、髭をたくわえた若いビジネスマンが寄ってきて、「英語は話せるか」と聞いてきた。彼は車内の通路に立っている時からわたしどもに興味があったらしく、話しかけたいそぶりが見えた。わたしが「少しなら」と答えると、「日本人か、自分はノヴォシビルスクに住んでいてこれからモスクワに仕事にいくのだ」という。わたしは「そうだ日本人だ、韓国経由でウラジオストクからモスクワに行く、十四泊十五日の旅だ」というと大変驚いた様子だった。荷物を積み終わった頃、彼から手を握ってきて幸運を祈るといってくれた。束の間ではあったが、夜も遅く疲れていたので大変うれしく、わたしも強く握り返し別れた。退屈でもあったので大いに気分転換となった。ロシア有数の工業都市だけあって駅舎はさすがに大きく堂々たる構えである。早速駅前で待機していたマイクロバスでホテルへ直行、十数分で着いた。ホテルはアクチャーブリスカヤと言い、清潔であったが、遅いためかホテルらしい賑わいがなく、企業の研修所という感じがした。部屋割りに従い入室、久し振りにひと風呂浴びてベッドに横たわったが、なぜか眼は冴えていた。

シベリアの汽車に無聊の団扇かな

十一日目　六月二十六日（木）　晴れ　終日エカテリンブルク

午前八時ホテル内食堂で朝食。バイキング形式であったが、久し振りにヨーロッパ風の食事でおいしかった。質素なテーブル配置に真っ白いクロスがかけられ、客層も男女ともビジネスマンが溢れ、てきぱきした感じが気持ち良かった。

午前九時ホテルを出発、市内観光に向かう。ガイドのエレナさんは細身の浅黒い肌で、スラブ風ではなくグルジアとかアゼルバイジャン系統の人のように見えた。まだガイドの経験が浅く日本語、知識共に頼りなかった。そのためか日本語は駄目だが英語を話せる中年男性がサブとしてついてくれた。さてエカテリンブルクは人口百五十万のロシア有数の大工業都市で、一七二三年ロシア皇帝ピョートル一世がウラル山脈地方の豊富な鉱物資源を背景としてこの地に工業都市を建設したことに始まる。その後夫人のエカテリーナ一世の名をとってエカテリンブルグと名づけられた。また一九一八年、ロマノフ王朝最後の皇帝ニコライ二世とその家族がここで銃殺されたことでも知られる。ただ当地はロシアの軍需産業の拠点であるため一九九三年までは外部に対して閉ざされ、ペレストロイカ以降ようやく開放されたのである。尚、前ロシア大統領エリツィンの出身地であることもこの度初めて知った。

バスは先ずアジアとヨーロッパを分けるオベリスクを見るため郊外のウラル山脈麓方面に向かう。約一時間の行程である。市街地を出て間もなくモスクワまで続いているという高速道路に乗った。四車線であるが、中央の分離帯が芝生で仕切られた簡単なもので、道路にも白線が敷かれていないので二車線のような気がした。そのうちバスは右に折れて旧道を進みやがて待望のオベリスクに着いた。頭部が茶褐色で胴部が白色のオベリスクはウラル山脈麓の山林を背に静かに立っていた。塔には向かって左がヨーロッパ、右がアジアと書かれ、一八八三年に建てられたと刻んであった。それにしても誰が何の基準でこの境目を決めたのであろうか。一行はオベリスクの傍で旅行代理店の用意したシャンペンで乾杯をしたが、この東西を分ける塔を見てこれほど感激するのはおそらく日本人だけであろう。事実ここにはわれわれしかおらず、極めて静かな観光地であった。ただ気になったのは以前わたしの見たオベリスクは果たして今目にする塔なのかということだった。実は列車から見えるオベリスクの他にもうひとつのオベリスクがあることをわたしは知らなかったのである。その質問をしたが興奮もあって明確な返事はなかった。

時間も迫ったので市街地へ引き返し、当市の工業発祥の地である歴史公園を訪れた。公園には一八二三年女帝エカテリーナの命によって建設された水力発電のダムが貯水

エカテリンブルク　アジアとヨーロッパを分けるオベリスク

池として残されており、かっての給水塔や石づくりの橋、門などに往時が偲ばれた。そのままダムから続く放水路を過ぎて一八〇〇年初頭ピョートル大帝が建てた機械製作所跡を見学したが、この辺はポプラの綿毛が空中におびただしく舞って悩まされ、中には大きなマスクをされた方もおり「サーズに間違えられるよ」とからかわれるほどだった。その後隣接の中央広場へ向かった。中央広場はまさに市の中心で、高さ三メートルの大きなレーニン像が立っており、道路を挟んで時計台のついた堂々たる市庁舎が象徴的だった。ただここで有料トイレに入ったが、前の扉も便座もないトイレで男女とも上手く用が足せなかったようだ。日本人はデリケートである。そのまま繁華街の細長い露天を見学した。ここはお土産用に土地の民芸品を販売していたが、その他バイカル湖をはじめ近隣名所を描いた絵画が売られ、多くの青空画家が集まっていた。わたしと同様絵に興味のない方々は早くに交差点脇で時間待ちをしていたが、そこへ制服の交通警官が寄ってきてパスポートを見せろというのだった。列車内でのゆすりのことがあるので拒否したが、言葉が通じず気の毒に高井さんが代表で見せることになった。ジェスチャーでやりとりする中に絵画見学組についていた男性ガイドが帰ってきて係官と交渉、やがてその上司が来てやっと折れ合いがつき立ち去って行った。おそらくいちゃもんをつけて小銭を稼ごうとの魂胆であったろうと思う。それにしても多くの人が行き交う繁華街で白昼堂々とこうした行為が行われる、それも街のチンピラではなくれっきとした制服警官というところにロシア社会の負の部分を見た感じがした。その一方で、小銭を持ちパスポート入れを首にぶら下げて歩くわれわれ日本人にも隙があると大いに反省させられるのだった。

正午になったので予約のレストランに向かったが、妻が下痢気味で到着するなりトイレに駆け込んでしまった。名前は忘れたが堂々たる構えのレストランだった。中に入ると二階右手の大広間で何か祝賀会のような催が行われていた。男女とも全員が正装で当地の紳士淑女がグラスを手に歓談しており、ロシア映画の一場面を見ているような気がした。隣室のわれわれの空間も素晴らしく、数名の黒服のウェイターが後ろに控えている大きなテーブルに全員が座り、乾杯をしたのだった。料理も豪華で正式な午餐だったような気がする。おそらく全行程の中で一番のレストランであったといえるであろう。ただ妻が遅れて席についたがまだ本調子ではなく折角の料理を口にしなかったのはかえすがえす残念なことだった。本人は朝食で何度もお代わりをしたヤギのミルクが下痢の原因ではないかと言っていたが、そうかも知れないが他の人は何ともないのでおそらく長旅の疲れもその一因であろうと思われた。

昼食後、一九一八年ロマノフ王朝最後の皇帝ニコライ二世とその家族が銃殺された場所、イパチェプ館を訪れた。そこには十字架のついた墓碑と背後に小さいチャペルが建っているだけだった。観光客もなく、周囲は教会やその他の建物が工事中で、直ぐ傍の道路には車が頻繁に行き交って喧騒はこのうえなく、とても往時を偲ぶような環境ではなかった。ロシア革命を経てソ連共産党時代も終わり、今のロシア社会にとってニコライ二世のことなどは遠い出来事なのであろう。

続いて市立歴史博物館を見学。博物館は繁華街の一角にあるみすぼらしい建物だったが展示物は面白かった。一階はウラル山脈地方の民族、生活の発展の過程が展示され、二階はピョートル大帝、女帝エカテリーナ一世の等身大の蠟人形をはじめロシア皇帝に関する写真や絵画など興味深い展示があった。中でもニコライ二世とその家族の蠟人形は目を引いた。というのも家族の中央にアナスタシアの姿を見たからだった。アナスタシアはただ一人銃殺を免れアメリカに亡命したとの説があり、それを基につくられたイングリッド・バーグマン主演の「追想」という映画が懐かしく思い出された。ウラジオストクの水族館でも思ったことだが展示物はこんなに立派なのにどうして建屋は貧弱なのであろうか。

時間も迫ってきたので駅へ向かい、駅前の大きいスーパーに立ち寄ってお土産にロシア製品のソーセージや車中での食べ物を仕入れ駅構内を通ってホームに着いた。ホームにはこれから乗る列車が既に入っていた。バイカル12号といいイルクーツク、モスクワ間を往復する専用列車である。車体の色は重厚なロシア号のモスグリーンではなくライトブルーでスマートな感じがした。デッキの下にはミニスカートの専属車掌が出迎えてくれたが、制服、制帽が似合う細身の愛くるしい美人であった。

午後四時三十分、列車は定刻に出発。バイカル号の車内設備は新式でコンパートメント内のテーブル上には花が飾られて明るく何より天井にクーラーが設置してあるのはありがたかった。ベッドメイキングも車掌がやってくれた。心配のトイレも基本は同じだが、便座もプラスティックの清潔な感じがし、蛇口の水もロシア号では手のひらで押しながら受けていたが、今回は蛇口のつまみを回せば水が出るのだった。

さていよいよ列車はこれからウラル山脈を越えるのであるが、その分水嶺の地点近くモスクワから一七七七キロ地点にあるキロポストの線路脇にアジアとヨーロッパを分ける有名なオベリスクが建っているのが見えると聞いていたので、全員注意して車窓に目をこらしていた。やがてキロポストの数字がだんだん減って発車後二十数分過ぎて「一七七七」に近づいた時、進行方向の左線路脇の少し小高い土手に大理石の白い塔が静かに建っているのが見えた。意外に小さかった。先にエカテリンブルク郊外のオベリスクを見た時、若い頃テレビで見たオベリスクはどちらであったろうかと自問自答したが、今さっき目にした塔がそれだとはっきり断言できる。

列車はこの頃ウラル山脈の分水嶺を越えたはずなのだが、シベリア鉄道が越えるのは標高僅か四〇三メートルの山脈の鞍部なので山越えをしたという実感はあまりしなかった。

車窓から見上げた目的のオベリスク（モスクワまで1777キロ）

やがて列車が次の駅に停車する頃、妻がまた急な下痢症状となりトイレに行ったが刻すでに遅く施錠されていた。そこで妻は高井さんの考案した例の「下痢で緊急なので開けてください」というメモを車掌に見せたところ、心よく開けてくれ辛うじて急場をしのぐことができたという。その前後長い時間トイレに閉じ込められていたらしいがこれは致し方ないことである。やがて夕食の時間となったが、妻は自重するといって食堂車に行かなかった。妻はいたって健康なたちで食事を抜くということはめったにないのでよほど体調がすぐれなかったのであろう。

車窓の景色や家並みがだんだん垢抜けて行くのを感じながら午後十時過ぎ、モスクワから一三九七キロ地点のペルミに着いた。ペルミはヴォルガ川の大きな支流カマ川に沿い河港として開けた町で人口百万人に及ぶ大都市である。ロシア人にとってペルミは特別な存在で、ここがアジアとヨーロッパを分ける真の境界であるらしい。ホームから見える建屋や風景は整然としていてヨーロッパそのもののような気がした。やがて列車はカマ川の鉄橋を渡った。カマ川は全長二〇〇〇キロの大河であるが、それでもヴォルガ川の支流である。この辺は上流なのに水量は豊かで茶褐色の流れはたっぷりとしていた。このカマ川をはじめ地図で見る有名な大河を渡ることもこの旅の楽しみのひとつだったので、それが実現したことは大きな喜びだった。

外はまだ明るさが残っていたが、車中最後の夜なので例の男性四人の部屋におじゃまをし、心ゆくまで飲み交わした。十二時近くだったか、専属女性車掌が業務を終えて通路を通りかかったのでちょっと話していかないかと声をかけたところ、ためらいながらも心よく応じてくれ、互いにワインで乾杯したのだった。彼女は英語が話せるので、こちらも拙い英語で問いかけると、ガリーナさんといい三十六歳だという。子供が三人いてイルクーツクに住んでおり、主人も鉄道関係の仕事をしているということだった。日本のわかめスープをごちそうしたのにわかめの意味を伝えられず困ったが、本人は魚の味がすると言っていた。旅先ではともすれば感情移入過多になり勝ちだが、それを割り引いても知的で大変魅力的な女性だったと思う。今晩寝たら明日はいよいよシベリア鉄道終点のモスクワ（ヤロスラブリ駅）である。

なお続く夏シベリアの無為の旅
ルピナスやウラルを越えて西に来し

十二日目　六月二十七日（金）　晴れ　車中〜モスクワへ

早朝、モスクワから四六一キロのゴーリキー駅に到着。ウラジオストクを出発して以来この駅で初めて列車の発着のアナウンスを聞いた。朝食はコーヒー、ジュース、パン、卵料理という簡単なものだったが、ロシア風にはやや食傷していたので大変ありがたかった。

妻もようやく回復して食欲が出てきたらしくいつものペースで食べていたのでひと安心。モスクワに近いのに外はやはり平原の景色が続く。やがて列車内最後の昼食を食べた後ウラジミール駅に着いた。モスクワから二一〇キロの地点である。構内にはかってシベリア鉄道で活躍した蒸気機関車が展示されて、ロシア人乗客が記念の撮影をしていた。車窓から見える家並みは近代的なものとなって行き、モスクワが間近になったことがわかる。わたしは荷物の整理をする途中、日本から持参したうどん、ラーメン、スープなどのジャパニーズフード、イルクーツクで仕入れた手付かずのウォッカを専属車掌のガリーナさんへもしよければと言いながら、妻がトイレでお世話になったことを謝して手渡した。彼女は思いのほか喜び、「オー・サンキュー」、

「オー・ラヴリー」と言いながらわたしの肩に手を置いて頬にキスをしてくれたのである。車掌室から部屋に戻ると隣のロシア人の幼い女の子二人が寄ってきた。実にかわいい。ロシアの有名な人形「マトリョーシカ」のようである。子犬と白人の子は愛らしいとはよくいわれることだが、その通りで旅の中で出会った子供は男女いずれも大変かわいらしかった。また二人の女の子の母親が美人でどういうわけか服を取り替えては通路に物憂げに佇んでこちらを見るともなく見ており、その姿が後々まで思い出された。いよいよモスクワが近くなった頃、気分が高揚してきたのか眼鏡をかけたでっぷりしたロシアの老婦人がロシア民謡を朗々と歌い出し、期せずして車内全員の大合唱となった。ロシア人にとってもシベリア鉄道の旅はやはり厳しく長いということであろう。

午後五時、モスクワ（ヤロスラブリ駅）に到着。エカテリンブルグとの時差は二時間である。天蓋のないホームにはこれからお世話になる女性の現地ガイドのオリガーさんが出迎えてくれていた。ここはヤロスラブリ駅といいモスクワ駅とはいわない。ロシアの鉄道の慣習で行き先を出発駅の駅名とするからなのである。それならウラジオストク駅とすべきだと思うのだが、聞けば初期のシベリア鉄道はヤロスラブリまでだったのでヤロスラブリ駅とされ、その呼称がそのまま今に使われているということだった。荷物の確認が終わるまでホームに横たわるバイカル号の点検、清掃をする様子を見ていたが、ロシアの首都の駅に用便垂れ流しの列車が未だに入ってくるのだと思うと不思議な気がした。まもなくオリガーさんの先導で長いホームを歩いて行くと、構内に通じる地下道の手前に建っている０（ゼロ）キロと書かれた茶褐色のキロポストが見えた。その時ここがシベリア鉄道の起点なのだということが実感され、はるかな旅を思い誠に感慨深いものを覚えたのである。

モスクワは人口九百五十万人の大都会で駅前の広場は大きい空間で活気に満ちて、さすがという感じがした。ヤロスラブリ駅の駅舎も堂々たる威容でまん前に大きなレーニン像が立っている。広場にはバスが待機していてこれからホテルに向かう。ガイドのオリガーさんはずんぐりした中年のロシア婦人で大変な日本贔屓である。日本の企業に勤めている時独学で日本語を学びガイドのライセンスを取得したらしいが、何なまりはあるものの大変上手な日本語で日本社会の微妙な感じを理解できる人で、何よりガイドとしての勉強をしている様子がわかるので、モスクワ滞在中安心してついていくことができたのである。バスが出ると右手にレニングラード駅が見えた。今のサンクトペテルブルグ行きでこれも立派な駅舎だった。近くにはカザン行きのカザン駅の他この辺りには全部で五つの駅があるらしい。いってみれば東京駅の側に上野駅や新宿駅が集まり、それぞれに行く先の都市を駅名にするようなものである。やがて

ヤロスラブリ駅のキロポスト　起点のキロメートル地点

左手に五四〇メートルの高さの有名なオスタンキノ・テレビ塔を見ながらバスは北に向かい、ミーラ（平和）大通りのホテルコスモスに着いた。コスモスは宇宙の意味で、一九八〇年のモスクワオリンピックに併せて開業したホテルで一七七七室、三千五百人を収容できるモスクワ第二の大きいホテルである。ホテルのロビーは各国から来た多くの観光客でごった返していた。そのためかチェックインと部屋割りにずいぶん時間がかかったような気がする。夕食はホテル内の大食堂でバイキング方式だった。お仕着せでないのはありがたいが、わたしはこの方式が苦手で料理がたくさんあり過ぎて目移りしいつも大したものを食べないのである。食事の途中ウェイターが寄ってきてキャビアのいいのがあるから買わないかという。どなたも相手にしなかったが、一流ホテルの従業員が正規の業務中にキャビアのアルバイトをするところがいかにもロシアらしい。おそらくこれまでやって来た日本人が買った例が何度もあるのであろう。食後は二階にある大きな土産もの売り場を巡回、品定めをし明日のお土産購入に備えた。安西さんによれば窓から宇宙飛行士ガガーリンの記念塔が見えたということだがわたしは気付かなかった。おそらくわれわれは反対側の部屋だったのであろう。こちらのテレビコマーシャルは相変わらず悩ましい。

夏草の色もこれよりヨーロッパ

十三日目　六月二十八日（土）　小雨　終日モスクワ市内見学

朝食は昨夜と同じバイキングである。各国の人を見ると必要なものを少しずつ取り寄せ食べているが、われわれ一行はわたしを含め皿に山盛りをしてテーブルに持ってくるのだった。別に飢えているわけではないので、バイキング料理慣れしていないということだと思う。

午前九時十分ホテルを出発、これからモスクワ市内見学である。外は小雨でかなり寒い。オリガーさんの説明によると、バスは内側の環状線を走っているらしいが、土曜日で休日なので車は少ないとのこと。ベンツが目立つ。日本車も人気があるが運賃のせいで値段が高く、その点ドイツは近くなのでその分割安ということだった。やがて右手にモスクワを代表するロシア正教会聖ワシリー聖堂が見えてきた。テレビでもよく目にする教会である。

この聖堂は一五六〇年に完成し、真ん中に高さ四七メートルのねぎ坊主が一本、その周囲をぐるりと八本のねぎ坊主が取りまいていてそれがシンメトリーにではなくてんでんばらばらに配置されているところが美しい。その後トイレ休憩を兼ね赤の広場の真正面にあるグム百貨店に着いた。この百貨店は一八九三年の創業で中は吹き抜けになった三階建てで、実にしゃれた雰囲気であった。デパートを出ると直ぐ前が赤の広場だった。観光客、おのぼりさんが多い。広場は予想していたより狭かった。中国の天安門広場の方がはるかに広いがクレムリンの赤褐色の城壁に囲まれた石だたみは雨に濡れ風情があった。城壁の下に同じ赤褐色でできたレーニン廟があるが、十数年前まで、政変、メーデー、革命記念日の度にマレンコフ、ベリア、フルシチョフ、ブルガーニン、ゴルバチョフなど時のソ連要人が廟の真上の城壁で軍事パレードを閲兵していた映像を思い出し真に感無量のものがあった。続いて城壁と同じ色のレーニン廟を見学した。カメラは取り上げられ、廟内の私語も駄目でチェックが大変厳しい。二十三段の階段を下りたところにガラスの棺に安置されたレーニンの遺体があった。要所々に長身、美形のエリート衛兵が監視していて遺体を立ち止まって見ることを許さないが、わたしには遺体が蠟人形ように見えた。周りが暗く遺体にだけ照明が当たって異常に大きく感じられ、防腐された遺体はその下にあるのではないかと思われたからだった。レーニンは一九二四年に死去したが、その年にはもう廟が出来たとされその後今日に至っているのだが、一九五三年死去したスターリンは同じくこの廟に安置されながらフルシチョフのスターリン批判により後日火葬され廟の後ろにある質素な墓に埋葬された。そういえばこの旅行中レーニンの銅像はいくつも見たが、スターリンのそれは皆無だった。真に共産主義の権力闘争の過酷さに思いを致さざるを得ない。

廟を出ると雨の中を何組かの新郎新婦に出会った。ここに来ると縁起がいいらしい。軍帽、勲章、ガイドブックを日本語で売る物売りがしつっこくつきまとってうるさい。

十一時の時報を後にバスは長く続く赤い城壁やモスクワ川を見ながらやがてノヴォデヴィチ女子修道院付近に着いた。この修道院は一五二四年に建設された歴史のある教会で四季折々に美しいとされているが、もうひとつゴーゴリ、チェーホフ、フルシチョフ、グロムイコなどの墓があることでも知られている。だがわれわれを含め観光客の期待は別にあった。というのは修道院の下に小さな池があってかの有名なチャイコフスキーがこの池に浮かぶ白鳥を眺めて「白鳥の湖」の曲想を練ったという説明を聞いたからである。実際多くの観光客が修道院は一顧だにせず池を背景にシャッターを押していた。わたしどもも例外ではなかった。例えば飛鳥にある蘇我入鹿の首塚と同じで信用できないとわたしが独り言をいうと、「もうすこし素直でなければ」と妻に諭され高井さんにツーショットで撮ってもらったのだった。その後ヴァラビョーヴィの丘にあるモスクワ大学正面に到着。学生数三万人のロシア一のエリート大学で堂々たる偉容であるが、生憎土曜日なので学生の姿はなかった。丁度大学正面の反対側にオリンピックスタジアムやスキージャンプ台が見えた。降雨が激しい。

昼食後トレチャコフ美術館に向かったのだが、途中目にしたモスクワ川からの景色は誠にきれいだった。蛇行するモスクワ川の向こうにクレムリンの城壁や寺院のねぎ坊主、塔、ロシア政庁が見え、その下を車が行き交い、それはテレビの政治、経済の報道番組で見る映像そのもので感慨深いものがあった。おそらくモスクワの中でも最も美しい情景のひとつであろう。さてトレチャコフ美術館のことである。この美術館は一八五六年にオープンされた歴史のある美術館で、サンクトペテルブルグにあるエルミタージュ美術館が国外の美術品を多く収集しているのに対し、こちらは一二世紀以降のロシア美術の名作を集めていることで知られている。ひと言でいえば通に好まれる美術館だということである。館の前に創業者のトレチャコフの銅像が置かれ、赤レンガの風情のある佇まいであったが、見た目にはそう立派な美術館ではなかった。しかし館内の地下に入ると広くすてきな空間だった。撮影禁止でカメラはクロークに預けなければならなかった。展示の絵画の説明を聞きながら絵画に疎いわたしにも場内の雰囲気と共にそれなりの感銘があったが、絵に造詣の深い方が鑑賞されたらなお一層感激されることであろう。

その後予定になかったロシアのメトロを見学。ホームまで遠く深く、エスカレーターのスピードは速かった。降りながらここでも映画「ひまわり」でソフィア・ローレンがロシアの地下鉄を利用するシーンを思い出す。ホームは広く立派で深い天井には色々な絵画が描かれていた。地下鉄はまさにモスクワッ子の足で、路線は放射線状に広がり発着は三分毎である。モスクワの地下鉄網は世界でも有名ならしい。最後にモスクワ川ほとりのロシアを代表する救世主キリスト聖堂を訪れた。一八八三年に完成されたこの教会は一万人を収容できるロシア一の大聖堂であったが、一九三一年にスターリンの宗教迫害によって爆破され、今見る素晴らしい建物はソ連崩壊後の一九九七年に竣工されたものだという。中に入ると丁度ミサが行われていて敬虔な信者がお祈りをしていたが、道中何度もロシア正教会に接した中で一番荘厳な感じのする聖堂であったような気がする。

この後ロシア滞在最後の夕食会場に移動、さよならパーティとなった。レストランは重厚なロシア風とは違いログハウスの民族色豊かなレストランだった。さすがにお互いくつろいで会話の中に同じ釜の飯を食ってきた戦友という雰囲気が感じられた。わたしも軽快な音楽を聞きながら民族衣装をまとったウェイトレスが運ぶロシアンビールを何杯もお代わりをして楽しいひとときを過した。

夕食後ホテルへ戻る。ひと風呂浴びてホテル内の土産物店に行き何軒もの店を覗いた。やはり「マトリョーシカ」が目につき、中、小、を購入。マトリョーシカの価値は素材と大きさと「子供」がいくつ入っているかによって決まるといい、それに合致するものはさすがに高価だった。誰にどれをあげるか決めていないが、妻もわたしもそれぞれに買って部屋に戻った。買い物の途中梅田さんと出会いバーで一杯やらないかと誘われたが、わたしも酔っていたのでお断りした。翌日聞いたところではやはりバーに寄りかなり散財されたらしい。今日はロシア最後の夜である。

モスコーは旅の区切りの夏の雨
夏の雨赤の広場の列に居し

十四日目　六月二十九日（日）　曇り　終日モスクワ～韓国へ

朝食後のロビーは出発の宿泊客でごった返し、荷物のバスへの搬入に手間取って出発がかなり遅れた。昨日は赤の広場からクレムリンの城壁を見たが、今日はクレムリンの内部へ入るのである。十時過ぎにクレムリンに着いた。多くの観光客が訪れ、勲章を下げた在郷軍人の隊列も見られた。クレムリンは城塞を意味するロシア語だが、わたしどもの年代にとっては世界の社会主義国の象徴で、スターリン、フルシチョフ、ブルガーニン、ゴルバチョフなどが書記長としてこの場所に君臨していたかと思うと歴史の息遣いが伝わってくるような気がした。一方そのクレムリンはロシア文化の最高の粋が集められた場所でもあって、その遺産をこれから見学するのである。改札所を過ぎて最初に宝物殿～武器庫に向かう。オリガーさんについて歩いていくと左手下方にモスクワの市街地が望めクレムリンが高台にあることとよくわかる。ここは一六世紀に鎧や武器を製作、保管する武器庫として建てられ、一七〇二年ピョートル一世によって博物館となったとされる。内部は撮影禁止でカメラはクロークに預けた。展示品は歴代ツアリーが冠った「マノマーフの帽子」、女帝エカテリーナ一世の王冠や玉座、大男だったピョートル一世の巨大な服、エカテリーナ二世のきらびやかな衣装や使用した馬車などの他一二～一九世紀の世界各国から贈られた宝物が飾られて、豪華な歴史絵巻を見ているような感じを覚えると共に当時のロシア帝国の強大さが偲ばれるのだった。二階には多くの貴重な宝石が展示されていたのだが、梅田さんとわたしは疲れて休んでいた。見た人によるとロンドン塔や中国明の十三陵、故宮の展示宝石に勝るとも劣らないものだったらしい。外に出て少し歩くと大クレムリン宮殿がある。大変巨大な建物で三五〇〇の部屋があるといわれる。かってはツアリーが居住していたとされ、現在は外国政府要人、国家元首との会見に用いられているため一般には公開されていないということだった。

その次に見たのは一四七九年に完成されたというウスペンスキー大聖堂であった。かってロシア帝国の国教大聖堂とされ、歴代ツアリーの戴冠式や結婚式がここで行われたという。建物も大きく外から見て目立つねぎ坊主は多分この寺院のものではないかと思われた。その後一六世紀に作られたという重量四〇トン、口径八九〇㎜の大砲、一七三五年に鋳造された一一トンの鐘を見たが、わたしにはそれらの前にある大きな政府関係の建物の方に興味があった。オリガーさんの説明によると、この政庁がロシア政治の中枢である大統領府らしい。城壁の外から見える緑色の屋根をした大きな建物は大統領府だったのである。そして少し離れたところにロシア国旗が翻る大統領の執務室が見えた。かってはレーニンもここで執務をしたことがあるそうで、現大統領プーチンも時折来るらしいが、普段は別の場所にある官邸で執務することが多いという。ただわたしはクレムリン内に入るまでここに各省庁が並び官僚が仕事をしていると思っていたので、大統領府しかないのは意外だった。ということは膨大な行政の実務は別なところで行われているわけでその意味では今のクレムリンは象徴であり一大観光地であるということなのであろう。

最後にナポレオンとの戦争の戦利品である大砲を見ながら、クレムリン大会宮殿の前を通った。この宮殿は一九六一年に完成したクレムリン内で最も新しい建物で、かってはソ連共産党大会や中央委員会総会に用いられたというが、現在は国際会議やボリショイ劇場の第二劇場として使われているとのことだった。その他クレムリン内を移動する時スターリンの墓を見た。墓と胸像はさすがにトップに置かれてあったが、あくまで多くの国家英雄の墓石群のひとつに過ぎず、歴史の非情を垣間見たような気がする。

正午を過ぎたので市内の昼食会場へ移動。予約のレストランは大通りから何本かの道を曲がった静かなところにあった。車中で感じたことだが、ポプラ並木の道を何度か曲がってその度に道が細くなって、店に着く間のモスクワの景観は情緒がありしゃれていて実に素晴らしい。モスクワのレストランは大抵道路傍のビルの地下にさりげなくあるのだ。おそらく季節々で違った良さがあるのだと思う。そして佇まいも趣きがあったが、料理も美味しかった。ただ店の名前を忘れたのが残念である。

午後は三時からオプションで時間調整も兼ねてボリショイサーカス見学である。一行の中、九人がサーカス、三人がバザール見学となった。料金は三〇米ドルの前払いである。これまでのハバロフスクの民族舞踊、バイカル湖クルージングも米ドル支払いだったが、オプションはどうして米ドル払いなのか不思議だった。今回の場合は明らかに場外売りとのやりとりがあったような気がした。国立ボリショイサーカスは昨日訪れたバラビョーヴィの丘にあった。道路を挟んでモスクワ大学があり、丘の下にはモスクワ川が流れていて美しい眺めである。特にこの辺は川幅の広いところで流れも豊かだった。サーカス小屋は一九七一年に完成したもので高さ三三メートル、直径九九メートルのドームで三四〇〇席を有し、どの席からも見える円形のステージである。ただ一席々は狭くしかも横に長いので、トイレなど途中退席には不自由だった。われわれの座った席はかなり上段で、周りの客は地方からきた家族、子供で占められていた。急の予約だったからといえばそれまでだが、ロシアの物価、席の位置、周りの客層からすると三〇米ドルは少し高いように思う。しかし上演内容は素晴らしく、特に後半の虎八頭による出し物には感心した。

サーカス見学の後、市内のレストランで早めの夕食。レストランはやはりしゃれた店だった。薄暗い店内もロシア最後の食事にふさわしい雰囲気だったように思う。乾杯もやや控えめだったのはやはりそれぞれの感懐があったからであろう。

夕食後モスクワに五つある空港の中のシェレメチェヴォ国際空港へ向かう。大韓航空関係の手続きは別の旅行会社の団体観光客と重なり、騒然としていた。空港側の要領の悪さもあり出国審査もなかなか前に進まない。ただどうしたわけか税関審査がパスされたのでホッとした。ウラジオストク入国の際税関申請書類を紛失し、旅の間それがいつも気になっていたのでなにか解放された感じがした。機内に入る前、わたしどもも皆さんも免税店で買い物をしたが日本人はどこまでもお土産好きである。機内に入ると韓国女性の乗務員が出迎えてくれて懐かしかった。ハングルはわからないがやはり同じ東洋人だと思った。さすがに韓国人乗客が多い。わたしどもは三人席で窓側には韓国の青年が座っていたが、後部の友人達のところに空席があったらしくそちらへ移っていったので運良くビジネスクラス待遇で過すことが出来た。機は予定どおり午後十時三十分テイクオフ、韓国仁川空港まで約八時間の機中泊である。離陸後間もなく機内食が出た。われわれはすでに夕食を済ませていたが、食事が石焼きビビンバと聞いてためらわず食べた。実においしかったことを告白する。わたしはなかなか眠れず何度も読んだ文庫本に目を通していたが、妻は二人席に足を伸ばし熟睡していた。朝方、妻が眼下の異様な景色を見てわたしを起こしたが、あれは多分砂漠であろう。ガイドの高井さんからソウルでは昼食を予定していないので機内の朝食はしっかり食べるようにとの注意があったので、お互い余すことなく食べた。

十五日目　六月三十日（月）　晴れ　韓国〜福岡へ

　やがて現地時間の十一時四十分、仁川空港へ着いた。入国審査前にトイレに入ったが、シェレメチェヴォ国際空港に比べて広くて清潔だった。水もふんだんに使えた。空港を出るとソウルの旅行代理店の女性ガイドがすでに待機していた。これからソウル市内見学である。例の幅広い高速道を通ってソウル第一の史跡「景福宮」へ到着。数年前四泊五日で韓国全土をほぼ見た積りだったが、思い返してここは当時は修復中で見学していなかったので、今日来ることが出来たのは幸いだった。景福宮は朝鮮王朝時代における最古、最大の王宮である。さすがに立派な木造建築であったが、なにぶんロシアの巨大な建築群を見てきた後なので、迫力不足は否めなかった。見学途中知ったかぶりで「李氏朝鮮」という用語を使ってガイドに質問したが、嫌な顔をされた。李氏朝鮮といわれると不愉快なそうである。朝鮮王朝で充分ではないかと。続いて境内にある民族資料館を見学の後、大統領府のある青瓦台に向かう。前にも見たが山を背景にした姿はやはり美しい。その後道路を隔てたところにある旅行代理店案内コースの土産物店に寄る。ここは水晶専門の店で、妻は律儀にも数珠を購入したらしい。わたしは外で待っていた。バスはいよいよ仁川空港に引き返すのだが、高速道に乗る直前に今度はキムチ専門店に立ち寄った。お土産は大抵買ったはずだが、一同は懲りずに多くのキムチを購入したのだった。お金が続くのも不思議だが、いったいどなたに配るのであろう。再び仁川空港に到着。出国審査の後、時間があるので自由行動となりわたしどもは黒川、安西さんと一緒にうどんを食べた。ソウルでうどんというのも変な話だが韓国料理と並んでうどん、すしが売られているのである。さすがに味は日本のようにはいかない。日本の缶ビールも頼んだが、普通サイズが五〇〇〇ウォン（約五〇〇円）で高い。

機は午後六時四十五分に離陸、福岡まで約一時間三十分のフライトである。直ぐに機内食のサービスが始まったが、食べ終わって後始末をする頃はもう福岡上空で午後八時十分に無事着いた。ようやくという思いである。入国の際係官がお帰りなさいと笑顔で迎えてくれて心が和む。荷物受け取りのところでツアーは解散となった。梅田、志村、城山、安西さんはＪＲで熊本、佐賀、大分へ、黒川さんは西鉄で北九州へ、三人の女性はチャーターのタクシーで山口へとそれぞれ帰宅の途に就かれた。藤田夫妻は福岡泊りだそうである。

そしてわたしども二人は九時過ぎの新幹線で新山口駅（旧小郡）まで帰ることになった。わたしはゆったりしたシートに身体を沈め、ビールを飲みながら黙って車窓を見ていた。二人とも無口で、妻にそれと確かめたわけではないが、お互いに高揚感が続いていたのだと思う。十時半頃新山口駅に着いてそのままタクシーに乗ったが、家に着いたのは十二時近くだった。久し振りに熱燗を飲んで床に就いたが、疲れているのになぜか眠れず身体はいつまでも揺れていた。

あとがきにかえて　～書籍化と出版を決心するまで

二〇一九年、私は無謀にも文芸社主催の第二回「人生十色大賞」コンテストに、この旅行記で初めて応募しましたが、当然のことながら受賞とはなりませんでした。

しかし翌年の二月、同社出版企画部から選考委員会の講評を添えて、手紙と架電で、「選には漏れたが、惜しい作品なので、心から出版（有料）を勧めたい」との温かいお誘いがありましたが、私は老後への備えということもあってその時はお断りしました。そして本年の八月、今度は編成企画部より改めて強いお勧めに接しましたが、この時もまた先の理由で辞退しました。更にその後具体的な企画案の提示があり、やはり老後のこともあって、暫し悩み迷いましたが、「本になればこれ迄とは違った景色が見えるのでは」という妻の後押しもあって、九月、ようやく書籍化することを決心した次第です。

小文は旅先で目にして感じたままを記したささやかな旅行記ですが、今ではそれが本となって書店に並び、私の見知らぬ方々が少しでも多く手に取って下さることを心より願っております。

末尾となりましたが、この間色々とお力添えを頂いた同社出版企画部の砂川様、編成企画部の須永様、編集部分室の井上様のお三方に厚くお礼申し上げます。

泉下の父母と「本になればこれ迄とは違った景色が見えるのでは」と書籍化と出版の決心を後押ししてくれた妻に心より感謝して。

二〇二一年十月　椎木　実

（付記）本文中のご同行の方々のお名前は全て仮名です。

著者プロフィール

椎木 実（しいき みのる）

1936年、山口県山口市生まれ。同県宇部市在住。
早稲田大学（法）卒業。宇部興産（株）勤務後、（株）エフエム山口勤務。

わたしのシベリア鉄道の旅

2022年４月15日　初版第１刷発行
2023年８月31日　初版第４刷発行

著　者　椎木 実
発行者　瓜谷 綱延
発行所　株式会社文芸社
〒160-0022　東京都新宿区新宿1－10－1
電話　03-5369-3060（代表）
03-5369-2299（販売）

印　刷　株式会社文芸社
製本所　株式会社MOTOMURA

ISBN978-4-286-23564-6